湛庐文化
Cheers Publishing

a mindstyle business
与 思 想 有 关

领导力之父 沃伦·本尼斯

组织发展理论先驱

LEADERS 从第二次世界大战走出的领导力大师

> 沃伦·本尼斯从不自吹自擂，却已经领先一步。
>
> ——现代管理学之父 彼得·德鲁克

1925 年，本尼斯出生在美国新泽西州的一个犹太家庭。他在 1943 年参军，奔赴第二次世界大战战场。战争给了本尼斯一份厚礼，让他在 19 岁时就有机会成为领导者——步兵中尉，后因作战英勇而成为整个欧洲战区最年轻的军官，并荣获至高荣誉紫心勋章和铜星勋章。

与很多管理学者不同，本尼斯的很多研究和洞见都源于他的个人经历。战后，本尼斯进入安迪亚克学院深造，深受导师——XY 理论创始人道格拉斯·麦格雷戈（Douglas McGregor）的影响。后来，他追随麦格雷戈来到麻省理工学院，成为经济学泰斗保罗·萨缪尔森的学生。

1971 年，本尼斯担任辛辛那提大学校长，将多年从事的领导力研究付诸实践，率领他的团队力挽狂澜，拯救了这所正面临财政危机的大学。此外，他曾担任麻省理工学院组织研究系主任，哈佛大学肯尼迪政府学院公共领导力中心顾问委员会主席，哈佛商学院波士顿校区的托马斯·墨菲杰出研究学者，南加州大学工商管理学院杰出教授、领导力学院创始人兼主席等职务，还荣膺四任美国总统的顾问团成员，多家《财富》500 强企业的顾问。

LEADERS

领导学大师们的院长

将领导力确立为受人尊敬的学术领域的教授。

——《金融时报》

在管理学界，本尼斯是首屈一指的领导力大师和先驱人物。他是欧洲最伟大的管理思想大师查尔斯·汉迪的老师。《福布斯》杂志称他是“领导学大师们的院长”，可见其地位与声誉。本尼斯曾对美国各行各业的90位领导者做过一次著名的领导力研究。这些人物包括第一位踏上月球的宇航员尼尔·阿姆斯特朗，洛杉矶公羊队主教练，管弦乐团指挥，麦当劳创始人雷·克洛克等。“他们有些是右脑型人物，有些是左脑型人物，他们有高有矮，有胖有瘦；有的伶牙俐齿，有的不善言辞；有的过分自信，有的畏手畏脚……”本尼斯说。这些人之间的共同点是，他们都表现出了“对当前混乱状态的控制能力”。也就是说，领导力是无所不包的，所有人都能拥有它。

在20世纪80年代之前，领导力主题曾长期遭到忽视，没有人认为值得为它展开严肃的学术研究，正是本尼斯卓越的贡献，才使它重获生机。从那时起，本尼斯认为，“领导学已经成为了一个重要的研究领域，对其发展的关注和兴趣不再仅限于美国，成了真正的全球现象。”

LEADERS 两度斩获麦肯锡奖的领导力开创者

> 世界上有“团队”也有“伟大的团队”。本尼斯可以为您带来希望。
>
> ——欧洲最伟大的管理思想大师 查尔斯·汉迪

本尼斯爱读莎士比亚，称每次重读都会有不同的收获。莎翁在剧作《皆大欢喜》中，将人生分为七大阶段。本尼斯认为领导者的一生也可以分为七个阶段，而且和莎翁的描述异曲同工，它们是：嗷嗷待哺的婴儿、满面红光的学童、哀歌的恋人、长胡子的士兵、身经百战的将军、戴眼镜的政治家和返璞归真的贤者。本尼斯说：“领导者每进入一个新境界，都意味着新的危机和挑战。蜕变过程痛苦无比，如能做好准备，便可安然渡劫。”

本尼斯是现代管理思想家的卓越代表，在管理特别是领导力的研究和咨询上建树颇丰，有多部著作荣获蜚声国际管理界的“麦肯锡最佳管理书籍奖”，被誉为“领导力大师”。

40 年间，他一共撰写和编辑了近 30 本专著、1 500 多篇文章，发表研究论文上百篇。最负盛名的著作有《领导者》《成为领导者》《七个天才团队的故事》《经营梦想》等，其中《领导者》《成为领导者》已被译成 20 多种语言在全球出版。

大师虽已仙逝，但他深邃的领导力思想将一直在管理界回响……

Leaders

Strategies
for Taking Charge

沃伦·本尼斯 经典四部曲·01

领导者

「纪念版」

[美] 沃伦·本尼斯（Warren Bennis）
伯特·纳努斯（Burt Nanus）◎著
赵岑 徐琨◎译

浙江人民出版社
ZHEJIANG PEOPLE'S PUBLISHING HOUSE

主编的话

杨斌 教授
清华大学副校长兼教务长

开设 leadership 类的课程伊始，我就打定主意，认真地称呼它作“领导之道”。倒不是为了简单的省“力”求异，而是包含些个自己的念想在里头。

一是想突出 TO BE（是）与 TO DO（做）不同。听者习者，是想有些即刻好用的法子、技艺，能够克敌制胜，佳绩可期。送他们来念课参训的法人、大人们，也有不少抱有希望收获回去更趁手的兵器。这都再正当不过，“力”掌握于个体，服务于集体，可以度量，可以培养，可以作价，可收可发。但正当，不代表是正确。那些后缀着“ship”的名堂，常常因为它忘怀了知识（K），超越了技能（S），融进了品性（A）。你所变成的，你所就是的，于他人可以发见、欣赏，但却不那么容易迁移，或迁移成却了无生意。“成为领导者”，“作为领导者”，与“具备领导力”“谙熟领导学”，其不同，我想先从不用“力”做起。

二是想坦陈“坐而论道”的局限，为师的难。看成是本事，提高得靠实践、历练；看成是心性，则需要更长时间的积淀，抑或机缘遭逢的悟到、绽放。而写出来，讲出来，lost in words，几乎是一定的。开个诗歌课是个多难的事儿呢？诗歌鉴赏课上的七嘴八舌，或读几句就走心呆坐，但还没有逼到要叫人“写出诗句”或“活出诗意”。所以，要认命。也就是自说自话的说道（也最好还别布道），不敢轻易说有多少科学，但经过了组织与梳理，遵从逻辑，有所体系，不怕人说是 well organized common sense（精装常识）——这年头常识常遭忽视。总有“听者有心”并愿意起而行之，反求诸己，自我修炼，把看到听到的“常识道”，与本身的使命、本心化成，内化调制为自己的“非常道”。谁之功？回首向来萧瑟处，百姓皆谓我自然。

再说千遍又何妨？领导这个词，在这里，在我所选的这些书里，不是职位，不是功绩，不是命令链条，不是炫目浩荡。她是一个或是一些人，让人更是人，让组织更向上，让社会更向前，让这些变化更有机地发生的实践。

为什么用卓越？讨论领导，常用的是有效，充满着还原论的机械；说伟大，又太多 Kitsch 表达。卓越各不同，横看成岭侧成峰。如果说领导像爱情一样，是世界上最容易观察到的却又最不容易理解的现象的话，卓越则更是多维多样，甚至，很多时候领导者之卓越、之所以卓越，与你“纯朴真挚、劝人向善”的意识形态存在矛盾。所以，我特意编选的这个“卓越领导之道”书系中的书，都有些思想上的耐人寻味，而不怎么是用力的鼓吹感召，都有些无心栽柳的边缘意识，却也许正合了这不确定时代的道道。

希望你通过阅读而享受思考，通过领导而获得解放。

推荐序

经营梦想，引领变革

—— 领导的真谛

徐中博士
清华经管领导力中心研究员
领越®领导力高级认证导师
学堂在线“中国创业学院”频道主任

人类进入 21 世纪，创新和全球化加速了各领域的变革。在中国，变革的速度、广度、深度和力度前所未有，领导力的重要性和紧迫性与日俱增。

2016 年 5 月 30 日，华为总裁任正非在全国科技创新大会上说：“从科技的角度来看，未来二三十年人类社会会演变成一个智能社会，其深度和广度我们还想象不到……华为正在本行业逐步攻入无人区，处在无人领航，无既定规则，无人跟随的困境。华为跟着人跑的‘机会主义’高速度，会逐步慢下来，创立引导理论的责任已经到来。”

在波士顿的哈佛商学院，领导变革权威约翰·科特（John P. Kotter）教授在最新出版的《变革加速器》（*Accelerate: Building Strategic Agility for a Faster-Moving World*）中指出：我们正在穿越一条边界，进入一个充满难以预测的混乱和指数级变化的世界，我们对此尚未做好准备。

展望未来30年，中国将从长期的跟随，迈向局部的超越、全球的引领。任正非的观点代表了一批有远见的领导者对未来的思考，我们必须前瞻未来、面向世界，加速培养一大批根植中国、放眼全球、知行合一、使命必达的领导者。

湛庐文化本次集结领导力大师沃伦·本尼斯最有代表性的四部著作《领导者》《成为领导者》《七个天才团队的故事》《经营梦想》重新出版，对于我们了解近代西方领导力思想、认识现代组织的领导力真谛，迎接当下和未来的领导力挑战，具有重要的意义。

我第一次了解本尼斯是在2003年，当时阅读了清华大学杨斌教授翻译的本尼斯的大作《极客与怪杰》（*Geeks and Geezers*），对书名、研究方法，以及“熔炉”“赤子态”“适应能力”等新概念深感好奇。此后，陆续阅读了《领导者》《成为领导者》等多部著作，也在多个国际领导力论坛上听到众多学者对本尼斯的赞美和思想的引用，让我的领导力研究和教学受益匪浅。

在领导力研究领域，沃伦·本尼斯被誉为“领导力之父”“领导学大师们的院长”，他先后担任过四任美国总统（约翰·肯尼迪、杰拉尔德·福特、林登·约翰逊、罗纳德·里根）的顾问团成员，众多《财富》500强公司的顾问、董事，星巴克董事长霍华德·舒尔茨称其为导师。2000年5月,《金融时报》称本尼斯为“将领导力确立为受人尊敬的学术领域的教授”。2007年,《商业周刊》将本尼斯评为十大最有影响力的思想领袖之一。

哈佛商学院教授、《真诚领导力》（Authentic Leadership）作者比尔·乔治（Bill George）称颂本尼斯：

> 如果说彼得·德鲁克是“管理学之父”，沃伦·本尼斯就是“领导力之父”。沃伦·本尼斯第一个提出，领导力不是一系列天生的特质，而是持续一生的自我探索的结果。这个自我探索的过程让人们成为更完整、更圆满的人，成为对自我有清晰觉察，并能激发他人最佳潜能的人。

本尼斯的一生，既是对领导力学术探索的一生，更是对领导力实践追寻的一生。1944年，19岁的他成为第二次世界大战欧洲战区最年轻的步兵指挥官，战争的“熔炉”锤炼了他，开启了他探索领导力的独特视角。退役后，他先后在安蒂奥克学院和麻省理工学院学习经济学、心理学和商业，20世纪60年代，他在麻省理工学院研究群体行为之时，就已经预言并促进组织勇往直前地迈向更少等级、更加民主和更有适应能力的新组织。1967年，他先是辞去了在麻省理工学院轻松且回报颇丰的教职，到崭露头角的纽约州立大学布法罗分校担任了4年的教务长，1971年~1978年，出任辛辛那提大学的校长。之后，本尼斯在南加州大学沉下心来深入研究和思考当代领导力的挑战与出路，撰写了《领导者》《成为领导者》等20多部著作，开创了领导力研究的新时代。

在本尼斯看来，领导力与情境、追随者、任务密切相关，必须与时俱进。关于领导力的概念，据统计有850多个。对此，本尼斯打了一个比方：**在某种程度上，领导力就像美，很难定义它，但当你看到它时，你就知道那是美。**

为帮助读者更好地了解和理解本系列书籍的要点，在此对四部著作做一个简要介绍：

1.《领导者》论及的是“领导者是什么人”。本尼斯团队耗时两年采访了90位领导者，其中60位是成功的CEO，另有30位则是公共服务领域的杰出领导者。其主要结论是：

- 领导者有四大共同的主题策略：策略一，通过愿景唤起专注；策略二，通过沟通赋予意义；策略三，通过定位赢得信任；策略四，通过自重实现自我成长。
- “领导”与“管理”是两个不同但互补的概念，“管理者是把事做对的人，领导者是做对的事的人”，“管理”意味着“带动、实现、负责、指挥”；而“领导”是“影响、指引方向、过程、行动、提出意见”，领导意味着有效的愿景和决断，管理意味着熟练的日常业务运营。

2.《成为领导者》是本尼斯最重要的一部著作，以宏大的美国历史画卷探讨了领导力的作用、形成与挑战，通过对数十位领导者的深入访谈与研究，讨论了领导力的方法论：人们怎样成为领导者，他们怎样领导，以及组织是怎样鼓励或者限制有潜力的领导者？

- 《成为领导者》是基于这样一个假定：领导者是那些能够充分表现自我的人。他们知道自己是什么人，知道自己的优点和缺点是什么，知道该怎样去充分利用自己的优点、弥补自己的缺点。他们还知道自己想要的是什么、为什么有这样的目标，以及如何通过有效的沟通共同的目标赢得他人的合作与支持。他们知道该怎样去实现目标。充分表现自我的关键是了解自我和外在的世界，而了解的关键是学习——从自己的人生和经历中学习。

- 新经济是靠智力资本推动的，这也将是 21 世纪经济的特征。一家公司最重要的资产是办公楼、厂房和设备的时代已经一去不复返了。今天，创意是全球经济的发动机和货币。对领导者以及想要成为领导者的人们来说，新经济的真谛在于其力量源自创意而非职位。
- 领导者们都认为领导力不是天生的，而是后天造就的，而且更多地是靠他们自身的努力而非任何外在的途径。其次，他们都认为，没有哪个领导者原本就打算成为一个领导者，确切地说，他们是想充分自由地表现自我。换句话说，领导者没有兴趣向他人证明自己，他们始终关心的是表现自己。这一至关重要的差别是一个“熔炉”，决定了一个人是“被驱策”还是“主动领导”。在整个人生中，他们都在不断地成长和发展自我。
- 领导的六个基本要素：第一，指引性的愿景（guiding vision）；第二，激情（passion）；第三，正直诚实（integrity）；第四，信任（trust）；第五，好奇心（curiosity）；第六，勇气（daring）。
- 领导者的七个主要品质：专业能力、概念能力、业绩表现、人际能力、鉴赏力、决断力和品格（character）。在未来的世界中，卓越领导者的核心软技能是：人际能力、鉴赏力、决断力和品格，以及适应能力（adaptive capacity），适应能力让领导者能够迅速、聪明地应对持续不断的变化。
- 真正的领导者不是天生的，而是后天造就的，并且通常是自我造就的。领导者创造自己（leaders invent themselves）。领导者创造自己的方式就是培养自己的品格和愿景。
- 人人都有领导力，但并不是人人都会成为领导者。

3.《七个天才团队的故事》研究了美国历史上七个具有持久影响力的团队：迪士尼电影公司；施乐公司的帕洛阿尔托研究中心的伟大团队；

苹果公司团队；克林顿竞选团队；“臭鼬计划”与隐性飞机团队；黑山学院；“曼哈顿计划”团队，总结出了伟大团队的 15 条经验。这本书对于从事颠覆式技术创业的创业团队尤有启发。

- 全球最大的猎头公司光辉国际（Korn Ferry）及《经济学人》杂志最近对一些跨国公司高管所做的研究证实了我们的理论：未来的机构将领导团队来管理。
- 伟大的领导者和追随者总是致力于富有创造性的合作。一个有天赋的人就能够解决我们所有问题的时代早已一去不复返。如今我们面对的问题来得太快，也太复杂，以至于要解决它们，我们需要优秀的领导者甚至是领导团队率领下的人才群体。
- 要领导一个优秀的团队，领导者不必具备团队成员具备的所有技能。他必须要具备的是愿景、感召他人的能力以及正直。
- 伟大团队是完全投入到惊心动魄的探索过程中的组织，充满活力与创意，成员多姿多彩、才华洋溢，并在极高的风险和时间压力下工作。
- 伟大团队很少有士气问题。成员大都自动自发，陶醉在解决问题的喜悦中。全体的注意力集中于一个伟大的计划，对于一般环境下所产生的困扰全无知觉。
- 金钱不重要，职业生涯也无所谓，项目重于一切。这不是一份工作，而且是一项使命，由眼中闪烁着火花的一群人执行。
- 领导一群天才，领导者首先要赢得相当的尊敬；让天才认为他说的话有价值，因为天才总是可以有其他的选择；还要能激发彼此信任，并值得大家信任；同时要谦恭殷勤——虽然彬彬有礼并非伟大团队的特点，但想要带领伟大团队的人必须具备这个特质。

4.《经营梦想》是本尼斯 30 年研究精选，汇集了他全部领导力论著的精华，书中的每一页都闪耀着他的才华和智慧。他认为，通过拥抱和“经营”一个真实的梦想，领导者就真正地肩负起塑造未来的责任。

- 本书重点探讨的就是领导者与其梦想的关系，以及他的组织与其梦想的关系。深入探讨领导者如何推动领导和管理变革。
- 第三部分专注于品格和道德。对那些留下了真正遗产的领导者们来说，品格和道德是最宝贵的优点。每一个组织都怂恿其领导者专注于眼前的当务之急，而代价就是忽视那些决定我们所有人生活质量的大问题。
- 事实上，领导者就是那个未来梦想的化身。一个梦想就是一张路线图。它告诉我们怎样前往与命运碰头的约会地点；梦想就是一系列富有想像力的假设，摸索着走向存在于我们意识深处的栩栩如生的理想境界。

本尼斯的领导力思想、理论与实践具有广阔的历史视野、精微的人文情怀、如炬的全球前瞻，希望从推荐序的点滴光辉映射出大师的卓然风采。

就在本书系即将付印之际，2016 年 9 月 10 日上午，具有开创性意义的跨文化全球领导力项目，旨在培养具有全球视野、致力于推动人类文明进步的未来领导者——清华大学苏世民学者项目举行了开学典礼，迎接首届入学的来自 31 个国家的 110 名苏世民书院的学生。中国国家主席习近平和美国总统奥巴马分别发来贺信，表达对首届学生的祝贺与期待。由此可以看出，领导力教育已经成为中国高校教育改革的重要方向，逐渐迈进青少年教育的核心区域。

彼得·德鲁克说：领导者的首要任务是定义使命。使命即是初心。学习与发展领导力，我们需要时常的问问自己：我的初心是什么？

最后，感谢湛庐文化董事长韩焱女士、高级副总裁张晓卿女士、总编辑董寰女士的信任，让我领衔重新审校和翻译这四本书籍，特别是因为连续创业的原因，一再延误书籍的出版，使得自己一直战战兢兢、深感愧疚。

感谢第一版的译者姜文波，感谢赵岑博士、徐琨女士百忙之中重译《领导者》，感谢胡金枫女士在翻译过程中的参与和支持。感谢我的太太佛影女士长期以来的包容和支持，她总是为一些精彩的翻译手动点赞，给我巨大的鼓舞。

由于译者水平所限，不当之处，敬请指正！

共勉。

扫码关注庐客汇，
回复“本尼斯”，
听徐中老师亲自讲述本尼斯的领导力智慧。

LEADERS

STRATEGIES FOR TAKING CHARGE

目 录

地描绘出来，用这种画面来引发他人的热情和投入。只有通过沟通，一个群体才能够同心协力为了组织的总体目标而奋斗。

信任是将领导者和追随者凝结在一起的胶合剂，是维持组织运转的润滑油。信任度的高低是领导力水平的重要指标。信任是求不得的，只能去“赢得”。领导者对组织的准确定位能帮助他赢得信任。

学习是领导者必要的能量和高涨热情的来源，通过学习，能维持一种不断产生出新认识、新想法、新挑战的态势。在今天这种快速变革、高度复杂的环境中，学习是必不可少的。不会学习的人就不能长久地当领导者。

20 周年纪念版序言

重新审视领导力

20 多年前提笔写作此书的时候，我们认为那时正应当重新审视领导力这门学科。在我们看来，当时的管理学文献或是忽视、或是低估了领导力领域的许多重要方面。我们希望采用一个与以往不同的视角以助于促成这一领域所亟需的全新思考和研究。

本书在业界引起的反响远远超出了我们的预期。比如，我们提出的很多概念被广泛采纳，也得到了深入的拓展。后来所思所观，都验证了书中提出的以下几个理念是十分有益的：

1. 将“领导”和“管理”区分开。早期的管理学书籍大多仅将领导视为管理者的职能之一。我们则认为，领导者的组织目的与管理者截然不同。领导者视角独特、责任重大，因此他们需要才干多样、技能丰富。我们总结出的“管理者是把事做对的人，领导者是做对的事的人”这句话被广泛引用，这一理念或许也促使近年来致力于领导力培养的顾问、专家学者的人数显著增加。

2. 授权。很多早期研究认为，领导必须在权力执行和掌控细节中体现，而权力和掌控则来源于个人在组织中的职位和权威。而我们则认为恰恰相反："领导者应当放权于他人，并通过他们的执行使愿景成真且持续长久。"此后的一些作者将此授权理念进一步发展，提出了"公仆型领导"（servant leadership）"协作型领导"（collaborative leadership）等概念。

3. 愿景。我们的研究指出，成功领导的一个至关重要的要素在于清晰阐明未来的愿景，抑或是一个发展方向，从而使组织中的每一个人都能聚精会神、集中注意力，有劲往一处使。这一想法不仅仅在企业界得到广泛认同，而且在许多教育机构、教堂等其他非营利性机构的领导者中也产生了强烈共鸣。今天，人们已经普遍认同，成功的组织不仅要有一个明确的使命或目的，还必须要有一个广泛共享的发展愿景，两者缺一不可。

4. 信任。尽管并不总是知行如一，但其实管理者们一直以来都很清楚正直诚信的重要性。而《领导者》正是第一批坚持强调诚信是成功领导者的必备品质、失信之组织必遭大难的书籍之一。此后，这一观点多次得到印证，尤其是在不久前发生的美国会计丑闻以及企业破产风波中体现得更为明显。

5. 意义管理。关于组织文化的作品已经很多了，但是本书特别关注领导者在塑造和传播企业文化中的作用。我们认为，领导者是阐明组织价值、解读现实状况、构建和调动意义感、创造必要的榜样和符号并以此传达组织行为原则的第一责任人。这一观点带来的一个完全意想不到的结果是关于当今舆论中存在着的偏见：经理们虽是名人，但亦享有自己的生活和权利，不必仅仅成为企业价值的发言人和代表者。这不是个好现象，我们也深感忧虑。

作为本书作者，我们很高兴这本书帮助了一些领导者、学者以及其他各界人士重新审视领导力这一课题。**在这个逐渐复杂多变、彼此独立、脆弱易裂的世界里，没有什么比领导者的品质和信誉更为重要的了**——他们设定合理日程，协调各种必需资源，授权他人为了组织乃至整个社会的最大利益而行动。

沃伦·本尼斯
伯特·纳努斯
2003 年 3 月

什么是领导力

当我们充满自豪地以一个作者对待自己作品所能持有的最大客观程度来回看《领导者》第一版的时候，我们发现，尽管已经过去了 12 年，但诸如愿景、授权、组织学习和信任等书中提出的概念，在今天看来依然有效。当然在重读之后，我们还是感到有些观点需要进一步加以强调。这在法语中有个说法，叫作“I’esprit d’escalier”，字面意思就是“楼梯心态”，说的是一个人在会议结束后下楼梯的时候，心中总会有些懊悔：有些话应当在会上说出来的。因此，我们决定更新第一版，补充一些新的内容，并在最后一章增加一个全新的部分，阐述我们对于领导力在未来发展的想法。我们着重强调的有以下几点。

1. 领导力与品格有关。人的品格会不断演化，成为领导者的过程恰似成长为一个完整的人的过程。

大多数组织用来评估高管人员的典型标准通常有七条：专业能力、人际能力、概念能力、业绩记录、鉴赏力和判断力、决断力和品格。其中，最后两条最难以界定、测量或者培养。我们显然也不知道该如何教人们改善决断力和品格，各大商学院也鲜有尝试，但我们很清楚它们是如何形成的。有意思的是，许多高管是因为品格原因或决断力不足而中途下台或者升迁无望，但却从未听说过有谁是因为欠缺专业能力而提早结束事业生涯的。不无讽刺的是，偏偏是领导力中最为重要的部分却最难以量化评估。

2. 要保持组织的竞争力，领导者必须创造出可以产生智力资本的社交架构。在这一架构的结构、搭建和设计过程中最为重要的就是罗莎贝斯·莫斯·坎特（Rosabeth Moss Kanter）曾提出的4F。

- 专注（Focused）
- 灵活（Flexible）
- 快速（Fast）
- 友好（Friendly）

我们还可以加上第5个F，即乐趣（Fun）。只要是组织中人们心之所向、乐意为之的，那么任何一种组织架构都是可以良好运转的。相比之下我们更为关心的是领导者应该怎样激发和创造一个互尊、互爱、互信的组织文化。

组织的核心是思想、创新、想象力、创造力等这些智力资本，当今社会尤其如此。最聪明的领导者们早已意识到这一点。电力巨头ABB公司的总裁珀西·巴内维克（Percy Barnevik）告诉我们，“释放脑力”才是最大的挑战。迪士尼的迈克尔·艾斯纳（Michael Eisner）在提到他的动画制作团队时则说："我们的资产就是人才。"

3. 实现目标、达成愿景的决心与激情的重要性无论怎样强调都不过分。赫尔曼·米勒（Herman Miller）公司前任主席马克斯·德普雷（Max Depree）曾经说过："领导者的首要任务就是看清现实。"这不过是设定目标和指引方向的另一种说法。一旦缺失了共同目标下的同心协力、携手共进之感，公司就会陷入困境。目标明确的反面就意味着漫无目的、随波逐流。当然我们所言目标也并非是过去那种用于鼓舞、刺激、激励员工的老式目标，它必须能引起共鸣，具有一定的意义。

谈到意义，我们最爱举《花生漫画》（*Peanuts*）中的一个例子。露西问施罗德（当然，施罗德又在弹钢琴，根本不理睬露西）知不知道什么是爱。施罗德马上立正站好，肃然吟道："爱：名词，指一个人对另一个人或一群人的深沉、浓烈、难以言说的感情。"然后，一屁股坐回去继续弹钢琴。最后一格漫画是露西望着远方愤愤地说："纸上谈兵！"大多数组织的使命陈述也同样是纸上谈兵。

所以，目标不仅要有意义，而且还要与追随者有切身的关联。事不关己的目标是毫无意义的。在《亨利四世》（*Henry IV*）的第一幕中，莎士比亚笔下的威尔士预言家格伦道尔对豪斯伯吹嘘："我能够召唤地心深处的魂灵。"豪斯伯一针见血地回击："召唤谁不会？我也能，问题是它们肯来吗？"

4. 建立并维持信任的能力是领导力的核心要素。即使是世上最美好的愿景，如果在组织中缺乏信任，同样是毫无意义的。信任是维系一个体系的社会黏合剂，建立信任困难重重，失去信任却轻而易举。

前不久，我们收到了《财富》500 强企业中一位 CEO 的来信，他说：“我们这里有几千名员工、工会会员和其他成员，他们都只想走老路，极不愿意接受对未来的任何改变。”其实，这家公司的真正问题在于员工对 CEO 和高级管理层的不信任，这位 CEO 是个古板强权的家长式作风的人，无法与组织中重要的利益相关者建立起信任关系。真正的问题出在他自己身上，而不是工会。颇具讽刺意味的是，这位 CEO 是他们那个行业中最有冒险精神的领导者，可惜由于信任的缺乏，他也无法“召唤出地心深处的魂灵”。

1995 年 12 月 12 日，汤姆 · 弗里德曼（Tom Friedman）在《纽约时报》上发表的关于伊扎克 · 拉宾（Yizhak Robin）被刺的文章中提到了拉宾成功的秘诀所在：“拉宾先生有着领导能力中最为重要的品质，即坦诚真实。他从不摆架子，亦从不伪装，你所看到的即是真实的他。”以色列人民知道拉宾是值得信赖的，因而绝对地信任他会带领人民去做正确的事情。没有这份信任，拉宾是不可能冒着极大风险做出妥协，与巴基斯坦解放组织一起向前推动和平进程的。

5. 真正的领导者能够通过自身的乐观——有时甚至是毫无依据的乐观，神奇地感染周围的员工，把他们吸引到自己的愿景中来。对于乐观的他们来说，玻璃杯不会是半满的，永远都将是满满当当的，他们相信自己能够改变世界，至少能在世上留下自己的印迹。

领导者都是希望的传播者。先哲曾说过，领导者是“经营希望的人”。美国前总统罗纳德 · 里根以及富兰克林 · 德拉诺 · 罗斯福之后的各位总统都具有这样一种可以称之为积极幻想的乐观态度，即使在遇刺事件之后也依然如此。为里根服务了六年的民意调查专家理查德·沃瑟林（Richard Wirthlin）谈道，在 1982 年经济大萧条最严重的时候，有一天他拿着半个月来的调查报告走进了总统办公室，给里根带来了一个坏消息："您的支持率仅有 32%，与历任总统在执政第二年的支持率相比，您的是最低的。"里根笑笑，说道："迪克，别担心。大不了，我再出去试着被刺杀一次。"

6. 领导者更崇尚取得成功的行动，这是一种把愿景和目标转变成现实的能力。仅仅有愿景、信任和乐观精神还不够，领导者还必须扎扎实实地积极行动，通过执行才能收获成果。领导者知道如何"搞定"事情，使得期许成真。史蒂夫·乔布斯在苹果电脑公司的全盛时期曾经说过："真正的领导者身体力行。"目标达成前，领导者必须时刻保持对任务的专注。

这一切都在提醒我们，对于领导力的研究还远未结束。走下楼梯之时，我们有了更多的想法。我们最喜欢的哲学家韦恩·格雷茨基（Wayne Gretzky）准确地表达了我们的想法："伟人啊，你为了每一次没能实施的尝试而耿耿于怀。"所以，对于领导力的研究，我们要在本书中再做一次尝试。

沃伦·本尼斯
伯特·纳努斯
于加州圣莫尼卡
1996 年 8 月

“

WARREN BENNIS

STRATEGIES FOR TAKING CHARGE

在我们看来，有效的领导力可以将组织从“现在”带向“未来”。
他们指引组织变革，给员工以信心，
让他们有能力寻求新的做事方法。
他们借助未来愿景以激发人们的信心，
同时对新型的组织运作方式成竹在胸，
以这两大法宝来克服变革中遇到的阻力。

”

LEADERS

STRATEGIES FOR TAKING CHARGE

01 误解责任

当下时局维艰，正宜雄才施展。乱世召唤伟人，领导者当应运而生。

——艾比盖尔·亚当斯

1790 年致托马斯·杰弗逊的信

Like love, leadership continued to be something everyone knew existed but nobody could define.

领导力就像爱情，大家都知道它的存在，

但就是没有人能够说清楚它究竟是怎么一回事。

如今，似乎人人都在谈“领导力”。青年攻之，老者求之；父母失之，警察寻之；专家吁之，艺者鄙之，学者欲之。哲人努力在权威与自由间调和，神学家则试图一展领导力与良知间的和谐；官员们装作一副精通掌握它的样子，政治家们则确实盼望能够做到如此；似乎大家都认为现在的领导力比以前少了些什么——正如怀尔德曼（Wildman）先生在1648年说的那样：“领导力已变得支离破碎。”

与此同时，那些在时代的挑战面前挺身而出的杰出领袖们则在历史上灿若星辰：温斯顿·丘吉尔、圣雄甘地、戈尔达·迈尔、富兰克林·罗斯福，他们的领导构筑了伟大的国家，而汤姆·沃森（Tom Watson）、埃德温·兰德（Edwin Land）、艾尔弗雷德·斯隆等人通过领导力造就了伟大的组织。

反观今日，时代挑战之巨大、社会变革之迅速，恐怕尚未有伟大人物与理念担起与之相适应的重任——这或许正预示着新的领导者将应运而生，而这段等待的时间也正孕育着新的“领导”概念，直到伟人出现之时，我们必将看到振奋人心的全新管理视角。

对领导者的需求从未如此强烈。难以满足客户需要的管理危机随处可见，并且日积月累，已成为严重困扰整个世界的一种现象。如果说历史上有那么一个时期，领导者综合性的策略眼光被广泛期待——不仅是少数几名高管，而是对从麦当劳到律师事务所等各行各业的每一位领导者的期待，那无疑就是我们这个时期了。

我们坚信，**领导力是成功组织背后的核心动力，而要想创造一个有生机有活力的组织，就必须利用领导力去帮助组织形成一个全新的愿景，看看自己能够达到怎样的高度，然后动员起整个组织向着这个新的愿景迈进**。通用汽车、AT&T、花旗、IBM、大通曼哈顿、迪士尼、伊士曼柯达、通用电气，都是这类大力推动组织全面转型以确保长期生命力的美国大型企业的代表。而这一切无不源于领导力。**新型的领导者**（也就是本书所讨论的主题）**能够把人调动起来，能够把追随者转变成领导者，又把领导者转变成变革者。我们称其为“变革领导力”**（transformative leadership）。后面我们还将深入探讨这一理念。

但在进一步阐述之前，我们还是得先讲清楚关于领导力和当今管理环境中使领导力变得问题百出的一些事情。

变革领导力，关于领导力的新理论

> 领导者的首要任务就是看清现实。
>
> ——马克斯·德普雷，
> 赫尔曼·米勒公司前任主席

近些年来，什么是领导力、谁来践行领导力的观念发生了巨大的变化。

其实领导力本身并没有变，只是我们对它的含义、运作机理以及习得方法的理解发生了改变。起初我们对于领导力是有一套简单理论的，它当然来自于对历史和社会的研究，但更来自于我们对诸如摩西、伯里克利、恺撒、耶稣、马丁·路德、马基雅维利、詹姆斯·麦迪逊等先哲思想的咀嚼消化，以及对诸如甘地、列宁、温斯顿·丘吉尔、埃莉诺·罗斯福、查尔斯·戴高乐、毛泽东、切斯特·巴纳德、马丁·路德·金、约翰·加德纳以及亨利·基辛格等著名领袖各色各样思想来源的审视。他们之间共同点并不多，但都成为过真正的领导者，真正坦率而深邃地将他们的管理思想记录下来，以飨后人。

但如今关于他们的故事和反思仅仅告诉我们领导者应当身心强健、勤勉发奋，这还远远不够。我们离“怎样领导、谁来领导”这个问题的答案近了一些，但也还远没有真正搞明白。过去数十年的学术研究给领导力下了不下 850 种定义，仅仅是在最近的 75 年里对领导者进行的实证调研就有几千次，但还是没有出现对领导者和非领导者，尤其是有效领导者和低效领导者、有效组织和低效组织之间的差异给出清晰而雄辩的认识。

领导力箴言 LEADERS STRATEGIES FOR TAKING CHARGE

新型的领导者能够把人调动起来，能够把追随者转变成领导者，又把领导者转变成变革者。

这么多人尝试了这么久却只得出如此少的成果，这也算是非常罕见了。关于领导力的解读多如牛毛，也都提出了自己的一孔之见，但又都不完整、不充分。这些解读彼此之间并不相容，其中有很多与我们细看起来的领导者的真实情况相去甚远。定义总是因潮流而异、因时尚而异，也因政治和学术趋势而异，未必总能反映事实，甚至有时会完全脱离事实，就像法国画家乔治·布拉克（George Braque）曾经说的那样："在艺术里，唯有无法解读的才是最重要的。"领导力也同样如此。

领导力曾经被认为是一种天分。领导者是天生的，无法后天造就，他们在冥冥中接过自己肩上的使命，这便是所谓的"伟人论"。这种理论视权力为神授，归领导为天命。王侯将相，皆具其种，余者众生，听令便是。是非成败，皆为命定，或习或勤，皆不能改。

当"伟人论"难以为继、无法解释领导力时，"时势造英雄"的理论便取而代之。比如，说列宁之所以成功，是因为十月革命为其思想提供了战场；华盛顿能够一战成名，则是因为各殖民地的独立运动将他推上了风口浪尖。这种认为是局势和追随者共同造就了领导者的"大爆炸"想法，和"伟人论"一样存在不足之处。

领导力箴言
LEADERS
STRATEGIES FOR TAKING CHARGE

权力就是将意愿转变为现实并加以维持的能力。领导力就是对权力的妥善应用。

领导力就像爱情，大家都知道它的存在，但就是没有人能够说清楚它究竟是怎么一回事。除了上面说的，还有很多关于领导力的理论被提出、被遗忘，它们有些关注领导者本身，有些则着眼于形势环境，但都无一例外地没有经受住时间的考验。鉴于此，也难怪领导力研究如此令人沮丧以至于被冠上了"管理学界的拉布雷亚沥青坑"的称号——这个位于洛杉矶的沥青坑曾令无数史前动物失足陷入、有去无回。

现在看来，无论"伟人论"还是"大爆炸论"都没能形成突破，这也为我们提供了一个新的机遇去重新评价领导者、思考权力的本质。

如今权力最大的特点就是未曾被真正善加掌握。危机当前，不见权力；困境之下，行权乏力。世界变得冗长单调、躁动不安，思想和行动间充斥着矛盾与极端，权力因而变得更加难以妥善执掌。各种机构要么僵化死板、要么偷懒耍滑；应该负起责任的领导者要么束手无策，要么迟钝浮躁，最糟的就是想出来的解决办法漏洞百出，甚至根本就拿不出办法来。

影响领导力环境的三大因素

> “释放脑力”才是最大的挑战。
> ——珀西·巴内维克，电力巨头 ABB 公司总裁

所有导致上述管理混乱的因素其实都来自于今天的领导力环境。对此，我们可以从三个方面来阐述：**投入度（commitment）**、**复杂性（complexity）**和**诚信力（credibility）**。

投入度

公共议程论坛（Public Agenda Forum）曾在 20 世纪 80 年代初对美国的非管理劳动力做了一次大规模调查，发现了如下令人不安的问题：

- 不到 1/4 的工作者说自己在工作中发挥了全部潜力。
- 有一半的工作者说自己在工作中的努力程度只是以能够不丢掉这个职位为准。
- 绝大多数工作者（75%）说自己可以干得比现在高效得多。
- 平均每 10 位美国工作者中就有近 6 位认为“工作的时候

不像以前那么卖力了”。

由于工作不投入，美国的工作者很难与日本和东亚勤勉而又低廉的劳动力竞争。与此同时，美国企业的领导者们不是去激发点燃员工们的工作热情，反而一次又一次地祭起裁员大旗，成千上万地裁撤员工。这样一来，人不尽其才的问题倒是没有了，可社会上却充斥着遭到解雇后做着毫无挑战性工作的人们，他们大多只是打打短工或是做些没有出路的工作养家糊口。

反观成功留任的员工，他们中有近一半的人面临着相反的问题：高负荷、高强度、高压力。他们中普遍充斥着无力感，对雇主的忠诚度和对工作的投入度一步步下跌，仅有一小部分人出于对失业的担心而更加卖命地工作。

很多人都在说，现代人的职业道德衰败了。他们抱怨科学家和工程师在这方面缺乏教育，但问题的真正根源在于“投入度缺口”。**领导者没有为追随者灌输适当的愿景、意义和信任，也没有很好地激励他们。**不论是对于社会组织、政府机构、学术单位还是中小企业，要想提升人力资源，关键都在于领导力。

复杂性

这是一个剧烈变革的时代，组织所面临的问题也日益复杂。任何组织都有一大堆南辕北辙、顾此失彼、进退两难、必须兼顾、游移难决、似是而非、莫名其妙、相互抵触的状况需要理解和应对。随手拿起一份报纸读读，你都能感受到这种高度的复杂性。这里我们以《华尔街日报》

在1996年年中某五天的报道为例：

- 通用资本（G. E. Capital）以110亿美元的价格收购了第一殖民地——一家人寿保险公司。此外，还宣布了另外7桩价值超过10亿美元的并购案，以及其他众多小额收购。
- 令人震惊的发现。空间科学家发现有重大证据表明，火星曾有远古生命体，掀起新一轮空间探测热潮。
- 高科技人才抢手，人才争夺战一触即发，激烈程度不亚于对篮坛巨星的争抢。与此同时，一些城市约40%的公共服务领域的员工失去了报酬丰厚的职位，因为在私营企业的同等职位领取的报酬要低得多，所以他们通过外包的方式抢走了这些员工的工作。
- 在过去的18个月里，对于美国生物技术企业的重大投资中有58%来自于欧洲制药公司。
- 美国能源部拨出110亿美元的合同款用于清理华盛顿和南加利福尼亚地区的核废料堆放点。与此同时，美国环保署颁布了关于船用舷外机的各项排放标准。
- 美国在线公司称其用户已超600万，在短短两年内增长了6倍。与此同时，微软和惠尔丰（Verifone）公司结成因特网软件零售合作伙伴，3M公司推出怡敏信（Imation）公司，一个价值22.5亿美元、主要从事信息与成像领域业务的新企业。
- 美国众议员通过强势的反恐怖法案。
- 马来西亚建立一个300平方英里的园区以吸引高技术企业，园区内信息技术设施先进，并可享有税务等多项优惠措施。

- 韩国大宇集团进军美国轿车市场，计划在 2000 年前售出至少 10 万辆各型车辆。

报纸上每天都在发布这种预示着重大事件的消息。这些变革彼此交织、跳跃迸发、加速演进，对我们的社会以及领导组织方式产生了深远的影响。传统的信息来源和管理手段已经不再高效，甚至有些过时了。线性信息、线性思维、增量策略都已经无法适应今天变幻无常的经济气候了，经验归纳的方法也已难以帮助我们认识新事物，被动跟随更可能导致一无所成。

有一个关于中国棒球的比喻倒是很适合当下的时代环境，尤其是管理环境。中国棒球和美国棒球唯一的区别就在于投手一旦掷球后，外野手可以随意行动——他们可以把垒聚集在一起，也可以把二、三垒分得更远离三十码。对于一个弱势的击球手，所有的外野手都可以移向内野；对一个强壮的击球手，整个球队都可以奔向围栏；而如果跑垒员很慢的话，一垒甚至可以延伸到外野去。这些似乎都不可思议，但现在的情况就是如此，一切皆有可能，以后也不会变得简单，单纯的世界恐怕只能停留在电影或回忆中了。艾尔弗雷德·诺斯·怀特海德（Alfred North Whitehead）曾经非常睿智地提醒我们："我们要寻求简单性，然后要对它投以不信任的目光。"但问题是，很多人只顾着寻求简单性，却忘了要质疑它。"我认为未来必定会极为复杂。"作家怀特（White）在 75 年前所写的一部小说中的一个人物如是说道。接下来他又说："你有没有想过，形势可能变得非常复杂，一件事情又牵出另一件事情？"这也正是对我们当前情形的一个总结。

有时，复杂性还会相互纠结，导致对事情的模糊认识和难以容忍，以及导致产生“诚信力缺口”。我们下面就来谈谈这个问题。

诚信力

这年头，“诚信力”已经变得特别难能可贵了。领导者们还从未像今天这样被人严加审查过。50年前的情况可不是这样的。自从第二次世界大战以来，公共服务部门变得愈加贪婪而喧嚣。对于福利、社会服务、健康、教育以及环境的关注催生了大批宣传组织、政府监管部门、消费者团体和联盟等，媒体对他们的关注程度日益提高，他们都在对权威提出质疑和挑战，致使掌权者战战兢兢、如履薄冰。

除了外部因素之外，企业内部的各方势力也让各种组织及其领导者们十分头痛。当前的公共服务机构被套上了“清正廉洁”和“认真负责”这两个紧箍咒，因此活动余地非常小。一些本来很可行、很重要、很有建设性的点子却落得个“见光死”的下场，在批评声中无疾而终。公共关系反倒变得比正经工作还要重要，领导者们则总是在试图唤起并操纵执拗顽固、反复无常的舆论观点。

信息时代让一切都“置”于众目睽睽之下，从而令管理环境在很大程度上受到媒体的摆布。尽管大众传播会窒息管理者的干劲，却也是不可避免的事。在一个人成为领导者、承担起责任的同时，也就放弃了自己的隐私权。就好像一个具有很大质量的分子能够获得更多的原子一样，领导者也会吸引更多的利益相关者和更多关注的目光。可麻烦的是，就像有人说的那样：“这么多人一起做事，怎么可能做得成事？”（后面我们还将深入讨论这种形式的复杂性问题。）

现在的人们从内心深处就缺乏安全感，不论他们信仰什么，处于哪个经济圈之中，在谁的势力范围之下，能力水平如何，莫不如此。前几年，我们看到有些车辆的保险杠贴纸上写着“打官司告他”，俨然是时局的缩影。而自从上次大选以来，贴纸上的话却变成了“别投票，晾着他们”。很多美国人都是怀着这样一种焦躁不安的心态，这既表明了人们是如何不甘于被领导，也说明了真正的领导者是何等的稀缺。一言以蔽之，就是领导者和被领导者之间的关系出了问题。

范式转换，从权力到领导力

> 社会科学中最基本的概念就是权力，其地位就好像“力”在自然科学中的地位一样。
>
> ——伯特兰·罗素

日益冷漠、加速变革、动荡不定的工作环境使得领导越来越像是在操纵一块旋转飞快、摇晃不定的轮盘，并尽力保持灵活。我们在过去的20年里经历了很多艰难困苦，目睹了许多庸庸碌碌、歪曲嘲讽、侵犯毁灭的事件，沮丧之情也随之而起，但我们和很多当代的思想家依然坚信，人民并不是处在浑浑噩噩的状态之中，默默忍受着各种焦虑乃至不尽忠职守的行为。相反，我们已经很接近一个重要的历史转折点了——卡尔·雅斯贝斯（Karl Jaspers）称之为轴点。**在这个转折点上，我们需要更高的视野、更本质的反思、更新的价值观念。**我们追求的是：不单以收入衡量生活，不以耗油量表征现代社会，不以国民生产总值这一最具欺骗性和误导性的指标来代替人类的自由。

尽管如今的时代一方面困难重重，令人困惑生畏，但同时却也是饶有趣味、至关紧要的，能够催发出很多东西。就像《小王子》里面那只狐狸说的：“世界并不是看上去的那样。”一个新的范式即将诞生。

要在这看似疯狂的世界上生存就需要具有极大的灵活性，并且要对领导者和追随者的角色都同样给予关注。和平与繁荣等宏伟目标都必须以增进沟通、信仰共容为支点。我们的目光焦点应该放在成功的新兴企业上面，而不是紧盯着不断萎缩中的公共机构。**在我们塑造未来以及自我的时候应该着眼于大趋势。**

编年史作家约翰·奈斯比特（John Naisbitt）在《大趋势》（*Megatrends*）一书中列举了现在与未来的十大转变。《大趋势》这本畅销书就是对新范式的阐述。这些转变见下表 1-1。

表 1-1　　现在与未来的十大转变

从	到
工业社会	信息社会
强加于人的技术	高科技 / 高接触
国家经济	世界经济
注重短期	注重长期
集中化	分散化
社会服务机构提供帮助	自我帮助
代议制民主	参与式民主
层级体制	网络体制
北半球	南半球
非此即彼	多项选择

这些改变都以某种形式经过了一段时间的检验，其中包括较为早期的麦格雷戈的 Y 理论、汤森的《领导箴言》（*Up the Organization*）、斯拉特（Slater）的新文化理论以及索尔克（Salk）的 B 纪元理论（Epoch B），

而近期关于这一范式转变的探讨可见于普利高津（Prigogine）的《耗散结构》(*Dissipative Structures*)、彼得斯的《乱中取胜》(*Thriving on Chaos*)、德鲁克的《新现实》(*The New Realities*）以及汉迪的《矛盾的年代》(*The Age of Paradox*)。

但这还不够完整：有一样东西无一例外地被刻意回避了，那就是**权力——支撑梦想成为现实的原动力。没有权力，领导便无从谈起。**很多经济学家就是因为不曾认识到自由市场的局限性才把自己逼进了死胡同；而那些对权力这一领导力的核心因素视而不见的组织，也犯下了同样的错误。可以说，当前绝大多数关于组织生活的范式，不论是旧有的还是所谓的“新时代”范式，全都忽视了权力。

伯特兰·罗素曾经说过：“社会科学中最基本的概念就是权力，其地位就好像‘力’在自然科学中的地位一样。”我们因为对此的忽视而一叶障目不见泰山，导致了人与人之间的交流出现短路。总而言之，我们的权力观出现了严重的问题。

实际上，“力”是整个宇宙间最常见的现象之一，我们在一生当中无时无刻不在承受并施加着力。在人类的互动中，如在家庭中、两性间、职业里、国家内乃至国际上，力也同样或显或隐地无处不在。

领导力箴言
LEADERS
STRATEGIES FOR TAKING CHARGE

权力是支撑梦想成为现实的原动力。没有权力，领导便无从谈起。

但这个基本的社会因素却被我们修饰得面目全非。千百年来，它承载了太多的内涵。其中包含的贪婪、无情、腐败等意味令我们都不约而同地夸大了它冷漠、不道德的一面。**换言之，权力这一对人类进程至关重要的要素既是最为必需的，也是最不受信任的。**

要想看穿这团迷雾，不妨来看看权力是怎样遭到滥用的。在历史上，领导者的作为是控制而非组织，压制而非表达，他们让追随者无法自我提高。

我们确实是在进步，但在新的未来愿景中却没有给权力留下一席之地。我们害怕遭到对抗：来自爱人、朋友、犯罪分子、不公平的社会力量、媒体或者政府的对抗。这让我们迟疑甚至止步不前，不敢进入一个公正的未来。这就好像一个人害怕一旦房子里的白蚁被扑灭，房子就会因为失去它们的支撑而倒塌，所以不敢叫人来灭虫。但是任何建立在冲突之上的进步都必然是脆弱的。

我们必须学会看清权力的本来面目。**可以说，权力和领导力是同一个硬币的两面。**要想解释清楚我们对于权力的看法，最好的办法或许还是通过一个例子来加以说明，而我们想到的最好的例子就是时任克莱斯勒汽车公司的李·艾柯卡（Lee Iacocca）。他通过自己的领导将一个濒临倒闭的公司领向了成功。他描绘了一个成功的愿景，并且将大部分关键员工调动起来追求这一愿景。到了1983年，克莱斯勒汽车公司实现盈利，员工士气高涨，并且从自己的工作中找到了意义，这几乎全是艾柯卡一人之功。是他，给了员工力量。而且这种效果不是转瞬即逝的：到1995年，克莱斯勒汽车公司已经成为世界上成本最低的汽车厂，年收入20亿美元，利润率是美国三大汽车制造厂中最高的。

事实上，我们相信艾柯卡的曝光率[①]正说明了今日管理实践（也包括很多管理理论）的缺失。企业要想成功,他这种领导风格是必不可少的。我们对于权力和领导力的看法受到了艾柯卡现象的很大影响。**我们认为，权力是发起并维持行动所必需的基本力量，也可以说，它就是将意愿转变为现实并加以维持的能力。领导力就是对权力的妥善应用。**

领导力智慧

LEADERS STRATEGIES FOR TAKING CHARGE

在我们看来，有效的领导力能够将组织从现在带向未来，能够生成组织的未来愿景，能够向员工注入一种对于变革的责任感，还能够在组织中灌输新的文化和策略，从而将力量和资源动员并集中起来。这些领导者不是天赋异秉，而是在组织遭遇新问题和新的错综复杂的事物而无序进化的方式已经无法解决的时候脱颖而出的。他们肩负起“改造组织的操作方式以适应环境改变”的重任。他们指引组织变革，给员工以信心，让他们有能力寻求新的做事方法。他们借助未来愿景以激发人们的信心，同时对新型的组织运作方式成竹在胸，以这两大法宝来克服变革中遇到的阻力。

在未来的 20 年里，我们将发现那些能够适应剧烈动荡的环境的组织都明显具备本书中介绍的领导力。

我们要面对的未来确实是不确定的，也是不安定的，但绝不是没有

① 李·艾柯卡（Lee Iacocca），曾先担任过福特汽车公司的总裁，后又担任克莱斯勒汽车公司的总裁，把这家濒临倒闭的公司从危境中拯救过来，奇迹般地东山再起，使之成为全美第三大汽车公司。他那锲而不舍、转败为胜的奋斗精神使人们为之倾倒。在 20 世纪 80 年代以及 90 年代初，成为美国商业偶像第一人。——编者注

希望的。愿景就是领导者的商品，而权力则是他们手中的货币。我们正处于历史的转折点上，不管是个人还是国家，我们不能倒退到 10 年或 5 年前的状态，哪怕是一年前也不行。未来就在眼前，让我们勇往直前！

"

WARREN BENNIS

STRATEGIES FOR TAKING CHARGE

人是不喜欢被人管的。
他们希望被人领导。
胡萝卜永远比大棒有效。
不信你就拿你的马儿试一试。
你可以“领”着它走到水边，
却无法“管”着让它去喝水。
如果你想管人，那就管管你自己。
把自己管好，你就愿意停止进行管理了。
然后你就会走上领导之路了。

"

LEADERS

STRATEGIES FOR TAKING CHARGE

02

领导他人，管理自己

大多数人并不真正相信自己一定能够成功，还没有开始，他们就已经感觉自己孤单无助了。“白鬼”并没有压制我们黑人，也没有不让我们得到工作或教育。我们必须全力以赴在这个社会中力争上游，我们不能什么事都怨天尤人。真正的问题在于我们害怕失败。

——约翰·约翰逊
《黑檀》杂志发行人

Manager are people who do things right and leaders are people who do the right thing.

管理者是把事做对的人，

而领导者是做对的事的人。

任何剧烈的范式转变都面临着这样几个问题：怎样开始准备和铺垫？怎样着手去做？怎样区分领导者和教育者的角色？这些问题不好回答，却又十分重要。

为了更好地理解和参与到这个时代的变革中，我们选择了领导力作为核心课题加以研究。我们采访了 90 人，其中 60 人是成功的 CEO，全部是企业总裁或董事会主席；另有 30 位则是公共服务领域的杰出领导者。

正如我们前面所说，关于领导力的研究很多，但我们对它却仍知之甚少，所以我们就必须给这些采访设定一个框架。关于领导力的书籍往往是空洞无物，大而无当。领导力就好像是喜马拉雅雪人一样，脚印到处都是，它本身却不知藏在何处。而对领导力的各种定义也是众说纷纭，于是，我们就提出了一个非常独特而且有意义的调查框架：着眼于现在。

“着眼于现在”听起来似乎很俗气，但是我们必须立场鲜明地把它提出来。没有成功的组织，我们目前的问题就无法得到解决；而如果没有有效的领导力，组织就无法取得成功。

缺乏资金的企业可以去借，位置不理想的企业可以搬家，但一个得不到正确领导的企业却很难生存下来。即使在最好的情况下，它们也会受到目光短浅但效率出色的办事员的摆布。企业必须在领导者的领导之下才能克服这种“被训练有素的无能之辈操控”的现象，适应环境的改变。**领导力能够赋予组织以愿景，以及将愿景转化为现实的能力。**如果没有这种转化，以及领导者与追随者之间的交流，那么组织就是一具行尸走肉。

领导力箴言
LEADERS
STRATEGIES FOR TAKING CHARGE

领导力能够赋予组织以愿景，以及将愿景转化为现实的能力。

我们整个研究的对象都是那些把握了当前乱局的幸运的领导者，而不是那些被动反应、束手无策、目瞪口呆的人们。

很多组织、尤其是那些逐渐衰败的组织，其问题在于管理过度而非领导不足。他们或许能够非常出色地把事情完成，但却不知道为什么要去做这些事。管理和领导之间的区别深远而重要。

- 管理意味着带动、实现、负责、指挥。
- 领导是影响、指引方向、过程、行动、提出意见。

这一区别非常关键：管理者是把事做对的人，而领导者是做对的事的人，它们之间的区别可以说就是有效的愿景和决断与熟练的日常业务运营之间的区别。

所有受访的领导者们的共同之处就在于他们清晰地认识和解读了自身的领导角色和定位，他们知道自己是领导者而非管理者，所关心的应当是整个组织的根本目标和大方向，所在意的应当是组织的“愿景”。他们并不花时间去研究“怎么办”，也就是不去理会那些细枝末节的事情，而是专注于行动的范式，也就是要“做正确的事”。

除此之外，我们还研究了这些领导者们是如何引导大势走向的。他们可不会墨守成规，相反他们更善于想出新点子、新政策和新方法，继而从根本模式上改变组织。正如加缪所说：“他们是在惊险地创造”。

让管理靠边站

人是不喜欢被人管的。
他们希望被人领导。
你可曾听到过“世界管理者”这样的说法？
“世界领导人”，这才像话。
教育领导人，
政治领导人，
宗教领导人，
童子军领导人，
社区领导人，
劳工领导人，
商业领导人，
他们都在领导，
他们不是在管理。
胡萝卜永远比大棒有效。
不信你就拿你的马儿试一试。
你可以“领”着它走到水边，
却无法“管”着让它去喝水。

如果你想管人，

那就管管你自己。

把自己管好，

你就愿意停止进行管理了。

然后你就会走上领导之路了。

注：《华尔街日报》上刊登的一段话。来自于联合技术公司。

我们所采用的研究方法（我们也不知称为研究方法是否妥当）是将访谈与观察相结合。和很多出众的人物一样，这 90 位领导者很喜欢发问。结果我们的“访谈”变成了一种探索式的交流，访谈对象则随之变成了研究伙伴。在大多数情况下，我们会就领导力这个话题谈上三四个钟头，有 10 次甚至用了大约 5 天左右的时间（其中两次我们是真正地和被采访的领导者生活在了一起，和他们一同上班下班，结识了他们的家人、下属以及董事会成员），来体会他们所管理的组织中的文化。

我们的谈话没有什么硬性的框架约束，也就是非正式的，聊到哪儿算哪儿，我们只是时不时地引领一下谈话方向。这种谈话就好像钻探石油一样，在一番探索之后，圈出一个最佳位置，然后就不停地钻、不停地检验，直到有所发现，然后就穷追猛打，直到再也没有什么可挖的，然后再寻找下一个勘探位置。只有以下三个问题是我们对所有领导者都问了的。

- 你有哪些优势和劣势？
- 你的管理哲学或者风格是否受到了什么经验或事件的影响？
- 你职业生涯中的重大抉择有哪些，现在看来如何评价当时的选择？

这些问题是谈话的轴心，整个会谈都围绕着这几个问题转，引出的答案也都是丰富多彩、精妙绝伦的。

接受访谈的人包括：阿科公司（Arco）前总裁威廉·基斯奇尼克（William Kieschnick）、麦当劳创始人雷·克洛克（Ray Kroc）、曾任时报-镜报集团（Times-Mirror）的董事长富兰克林·墨菲（Franklin Murphy）、彭妮公司（JC Penney）主席唐纳德·塞伯特（Donald Seibert）、《黑檀》杂志（*Ebony*）发行人约翰·约翰逊（John H. Johnson）、富特希尔集团（Foothill Group）主席唐纳德·格维茨（Donald Gevirtz）、劳斯公司（Rouse Company）董事长詹姆斯·劳斯（James Rouse）等。而来自公共服务领域的领导人更是彼此差异甚大，有大学校长、政府重要部门的首脑如证券交易委员会前主席哈罗德·威廉姆斯（Harold Williams）、南加州大学教练员约翰·罗宾逊（John Robinson）和德保罗大学（Depaul University）教练员雷·梅尔（Ray Meyer）、交响乐队指挥以及公益事业领袖，如城市联盟（Urban League）的弗农·乔丹（Vernon Jordan）。此外，还有辛辛那提前市政执行官罗伯特·特纳（E. Robert Turner）、费城动物学会（Philadelphia Zoological Society）会长威廉·唐纳德森（William Donaldson）以及第一个登上月球的宇航员尼尔·阿姆斯特朗。

领导力箴言
LEADERS
STRATEGIES FOR TAKING CHARGE

管理者是把事做对的人，而领导者是做对的事的人，它们之间的区别可以说就是有效的愿景和决断与熟练的日常业务运营之间的区别。

这是一项在巨大差异中寻找共性的工作。在60位CEO中，有大约半数来自《财富》200强的企业。其余的则来自一些比较小的公司和企业。他们的年龄中值是56岁，平均收入40万美元，各种补贴另算。他们平均在企业中的服务年限为22.5年，已担任CEO 8.5年。他们几乎全部是白人男性，美国企业界的性别歧视和种族歧视可见一斑。他们大都拥有大学学历，其中25%是研究生学历，但只有40%主修商科，再次证明要想取得成功也并不是非要有商科学历不可。总的说来，除了一人之外，他们全都属于CEO群体，与美国企业界领导人的形象契合得完美无缺。只有一点确实出乎我们的意料，那就是他们几乎都有着从未破裂而且依旧热情甜蜜的婚姻家庭。

除此之外，他们的成功背后似乎并没有什么明显的共同模式——他们思维习惯各异，高矮胖瘦不同，或果敢或谦逊，或敏于言辞或讷于表达，或衣着光鲜或不修边幅，或乐于纳言或专断独行，形形色色、风格迥异，甚至连他们的管理风格也没什么共同之处（有人还声称自己天生偏好"参与式的极端独裁"）。可见要从他们之中强行套上什么模式恐怕会让某些人失望了，但这也恰恰说明了每个人都是有机会成功的。

四大策略主题

> 真正的领导者身体力行。
>
> ——史蒂夫·乔布斯

无论如何，我们还是希望从理念上武装我们对领导力的认识，所以我们花费了两年之久的努力，将这些看似无关的因素联系起来寻找共性。这项工作就好像酿美酒、铸黄金一样，梳理访谈记录和笔记的过程单调而枯燥，但我们一直坚持着，逐一检验筛选能够体现立场的材料，从中寻求领导力的内在核心，或曰领导行为的精髓。不知别人怎么看，我们最终发现了以下四大策略主题——也可称其为四大能力范畴、四种待人技巧，它们是 90 位领导者所共有的。

- 策略一：通过愿景唤起专注
- 策略二：通过沟通赋予意义
- 策略三：通过定位赢得信任
- 策略四：通过自重和沃伦达因素实现自我成长

似乎大多数人都具备领导才能，但只有极少部分的人才真正发挥了这一能力。领导力看似玄妙，但只要对这一才能稍加激发和引导，其实我们每一个人都能够学会，无一例外。

当然，国家领导人只能是凤毛麟角，但企业家数量就多了，部门、小组级的领导者就更多了。此外，有些人虽不是部门主管，却是实际上的监管者；有些人虽只是流水线上的工人，却在工会里担任领袖。与其他复杂技能一样，每个人的领导力天赋或许存在差异，但我们认定上述四个方面的能力是可以学习、培养和提高的，它们如同美酒一样，也是很多更重要的东西的精髓所在，比如和平、生产力，或许还有自由。

策略一：通过愿景唤起专注

每个人都有梦，但梦也各有不同。
夜晚耽于睡梦之人，醒时终觉一切皆为虚幻；
白昼憧憬梦想之人却可能震惊世人，
他们始终醒着、行动着，

只为将梦想变为现实。

——劳伦斯（T. E. Lawrence）[1]

通过愿景唤起专注，它的另一层意思就是创造一个焦点。我们采访过的 90 位领导者都在心中有着自己的一份日程表，他们对成果的专注无人能及。领导者们是这个世界上最讲求结果的人了，自然对结果也就特别关注。他们的愿景或意图也特别有说服力，能把其他人吸引过来。**力度加投入，就能产生巨大的磁力。**而这种强大的人格未必需要刻意强迫他人来注意，他们只是以非常大的力度做着自己的事情，就好像一个在沙坑里专心致志修建着城堡的小孩子，必然会引来其他人的加入。

愿景是吸引人的。它首先吸引的就是领导者，随后引起更多人的关注，让这些人也能加入进来。我们在芝加哥附近的“汉堡大学”采访了雷·克洛克。在这所大学里，麦当劳的员工可以获得“汉堡学学士学位及炸薯条辅修证书”。克洛克向周围的人讲述了他最初的愿景。当他开始制造奶昔机的时候，就已经是一个相当成功的纸杯制造商了。他结识了一个奶昔连锁店的老板麦当劳兄弟，纸杯和奶昔就此碰撞出耀眼的火花，今天我们所熟知的麦当劳出现了。有人问他是怎么得出这个偶然的想法的，克洛克答道：“老实说我也不知道，当然这也不是说天上会掉馅饼。或许这是你的背景、直觉以及梦想的共同作用吧。不管到底是怎么一回事，反正我觉得自己已经变成了一名企业家，准备要破釜沉舟了。”

---

① 托马斯·爱德华·劳伦斯（Thomas Edward Lawrence，也称“阿拉伯的劳伦斯”，）因在 1916~1918 年的阿拉伯大起义中作为英国联络官的角色而出名。著有自传体记录《智慧的七柱》。许多阿拉伯人将他看成民间英雄，因为他推动了他们从奥斯曼帝国和欧洲的统治中获得自由的理想。——编者注

另外一位参与调查者是休斯敦交响乐团的著名指挥塞尔吉·科密申纳（Sergio Comissiona）。开始的一段时间他总是不肯接受采访，这本身就很不寻常。给他写信他也不回，打电话他也不接。过了好几个月，我们和他手下的两位乐师取得了联系。我们问他们，科密申纳究竟是个什么样的人，他们答道："一个字，棒！"可当我们问起为什么说他棒时，他们又说不上来了，最后只挤出一句："因为他从不浪费我们的时间。"

这么简单的一句话初看似乎没有什么，但当我们终于亲眼看到他指挥、授课的情景时，我们终于彻底理解了什么叫作"从不浪费我们的时间"。科密申纳能够让演奏者确切无疑地知道他想要什么。他精确而强烈地知道自己在任何一瞬间想要听到的是怎样的乐声。**只有在那些明确知道自己想要什么的人们身上，才能看到这种对于成果的毫不动摇的专注，或者叫痴迷。**这只能源自于愿景，或者像科密申纳手下的一名乐队成员所说的那样，来自于"名家高手用意愿编织出的锦缎"。

我们发现，所有这些领导者和所有被某个想法鼓舞着的人一样，头上高高地挂着一根炽热的灯丝，对于科密申纳来说就是对于"正确"音调的追求。有些时候，这根灯丝只在他们的愿景中发光发热，在这一愿景之外的他们则可能变得暗淡无光。这种炽热正是他们专注力的源泉，而专注力则是以一个人用自己的行为来实现或协调一个愿景的第一步。

我们还采访过一位导演，当时正与他合作的一位女演员这样评价他：

> 我觉得他就像一个正在玩耍的孩子，非常坚决。说起话来也像个孩子似的："我要这个，我要那个。"当他说戏的时候，就好像一个孩子在说话："我要你们给我修一座城堡。"于是他

就会得到一个城堡。这让人不禁想起了作曲家安东·布鲁克纳（Anton Bruckner）。他沉思良久后对着未婚妻高声说道："可是我亲爱的，我哪有时间啊？我正在创作我的第四交响曲啊。"

这些领导者们所传达出的愿景往往能够为员工打气鼓劲、注入信心，使他们坚信自己能够完成任务。当然，与此同时却又不能娇纵溺爱他们，而是应当不断向员工提出挑战。宝丽来的创始人埃德温·兰德曾经说过："你首先要做的就是告诉你的人，任务意义之重大且近乎不可能完成。这样才能够使他们激发出心中强大的动力。"

愿景能够激励人、鼓舞人，将人们的追求转变为行动。纽约市芭蕾舞团及学校的创办人林肯·科尔斯坦（Lincoln Kirstein）说："我毕生都在努力研究人们的工作是怎样完成的。我之所以热爱芭蕾，不是因为它好看，而是因为它所采用的方法。芭蕾实际上是一门关于表现的学问。"他的一个熟人这样说："我从未见过别人能像他那样专注。他总是知道自己想要什么。"（难怪也有人说科尔斯坦"从不浪费你的时间"。）至于他的房子，"他家里的一切都是有讲究的，都是精心安置的。"此外，他的服装也是一成不变：黑套装、黑袜子、黑领带、白衬衫，每日如此。"我老早以前就想明白了，如果我不用费心挑选衣服，那就可以节省下大量的时间。"

林肯·科尔斯坦与其心目中的同姓英雄、美国第16任总统亚伯拉罕·林肯也是如此。伟人的选择生动地体现出了愿景的重要性："林肯令其他政治家望尘莫及的地方，就在于他始终清醒自知、高瞻远瞩……从中我们可以看到标准的林肯作风，他可以拖延时间，可以含糊其词，可以见风使舵，可以犹豫不决，可以折中妥协，只为了让他那个时代最重大的目标能够实现：维护美国的统一。"

听听林肯总统借科尔斯坦之口说出的他生命中的神圣愿景吧：维护美国的统一，不惜一切代价。这个意义值得他作出任何牺牲，包括为之虚伪遮掩。但是对于领导者来说，那些没有这般崇高性的愿景也具有着同样的价值，即便他们的愿景只是要制造拍立得照相机或是开个快餐厅而已。这些领导者令人想起萧伯纳《人与超人》（*Man and Superman*）一书中的一个角色所说的话。

> 人生最大的乐趣莫过于能够为了一个你认为重大的目标而努力，成为大自然的一支力量，而非整日里为了一己之私的一些不尽如人意的小事而怨天尤人，只恨这世界未能倾尽一切来讨你喜欢。
>
> 当我死去的时候，我希望自己已经鞠躬尽瘁，倾尽所能，因为我做得越努力，就活得越久。我因这生命本身而欢欣喜悦。在我看来，生命并非是什么“短短的蜡烛”，而是一支暂时由我掌握的辉煌灿烂的火炬，在将它交与后来者之前，我要让它发出尽可能多的光亮。

领导力箴言
LEADERS
STRATEGIES FOR TAKING CHARGE

领导者不仅仅是吸引别人的专注力，而且还要投入专注力。

领导工作同时也是一种互动，一种领导者与追随者之间的互动。他们彼此依存、寻求共鸣、相互联结。所以我们发现，领导者不仅仅是吸引别人的专注力，而且还要投入专注力。即使是科密申纳、兰德、克洛克、科尔斯坦这样惯于发号施令的人，他们与被领导者之间的互动也不仅仅是发号施令然后服从命令即可的，而是彼此激发出各自最好的一面。后面，我们还将深入探讨这一方面。但现在我们就可以说，我们正在讨论的新型领导者绝不是独裁式或者单极式的，而是有着大量微妙的能量反弹的，不论是指挥大师和演奏家之间还是CEO和下属之间，莫不如此。这种交流聚指挥家和乐团为一体，合教练和运动员为一体，凝领导者和组织为一体，这种众志成城就是通过愿景唤起专注。

策略二：通过沟通赋予意义

> 能够梦想到，就能够做到。
>
> ——沃尔特·迪士尼
>
> 迪士尼创始人

佛罗里达奥兰多迪士尼乐园的未来世界主题区上方高高悬挂着迪士尼的这句名言。这个想法有一点堂吉诃德式，而且也不够完整。光是相信美梦必能成真还不够。这世上从不缺少迷人的愿景、美好的理想和反复考虑的日程表。但若没有沟通，那就很难变成现实。要取得成功，就需要将诱人的前景绘声绘色地描绘出来，用这种画面来引发他人的热情和投入。

- 如何捕捉到想象中的画面呢？
- 如何传递和沟通愿景呢？
- 如何让人们为了组织的最高目标而协力工作呢？
- 如何让听众认同并接受一个想法呢？

人在工作中需要认同并追求一些具有确定定位的东西。善于给人以意义感，善于沟通，都是有效领导力所不可或缺的。

有意思的是，接受采访的90位领导者大都口才很好，但其中也有不善辞令者。这并不影响他们形成自己的沟通风格。比尔·穆格（Bill Moog）是一位来自布法罗市（Buffalo）的优秀企业家，他创建的穆格公司（Moog，Inc.）专门生产专利型和基本型的飞机发动机零件。在访谈过程中，穆格有很多时间都是一言不发的。他看起来好像陷入了沉思，但却仍然有一种威仪。据他自己说，他曾有一次在斟酌一个问题时连续6个月没合眼。从中可见他的精神是多么的集中。他的夫人当时恰好在场，她摇摇头说："那次比尔6个月没上床倒是真的。他偶尔会在开会的时候睡一会儿，但确实没有正经睡过觉。"我们这里撷取了一段与穆格先生的典型对话：

问：你是怎样与人沟通的呢？你看你这么不爱说话……

答：有时候我们根本就不沟通。有时我们6个月都不进行任何形式的交谈。

问：真的？

答：但生产似乎并没有受到什么影响。我们都了解情况，知道当前的进展。我们这样是挺少见的。（沉默良久）好像……我们之间有一种信任和默契，就像我刚才说的那样。况且我们的工作有很强的连续性，所以他们都知道接下来的任务会是什么。我的路数就是……（长时间沉默）

问：可你这样"惜字如金"是不是一个缺点呢，尤其对于新员工来说？

答：可能吧。我也不清楚。在我看来，如果我对什么事情有什么很强烈的看法，似乎大家就都会知道。我也不知道怎么会这样。有时候我会画些图寄给出差在外的人，或者做个模型。前几年我们开设了分厂，于是我就把自己理想中的公司结构绘成了一个模型，送到各处传阅。我画在一张坐标纸上，大家好像都看明白了。这张图起到了作用，公司的组织结构也发生了转变。其间，有些部门还搬了家，但是我们的工作一天也没有落下。

照此说来，穆格先生在工作中是通过展示模型或图画来让别人明白自己的想法的。他的员工可以通过这些“有形的语言”来理解他的意图。我们的很多领导者非常喜欢采用象征的手法。当然不一定都是实体模型，比喻、类比都有可能。比如说，如果你说一英亩的面积和橄榄球场差不多大就比说 1 英亩等于 4 047 平方米要清楚。

在执导《普通人》（*Ordinary People*）之前，罗伯特·雷德福（Robert Redford）对电影拍摄的了解相当少。开拍后的第一天，他就把 6 名摄影师请到一旁，放约翰·巴哈贝尔（Johann Pachelbel）的《D 大调卡农》给他们听，这支名曲也是电影的篇头曲。雷德福对他们说：“我需要你们用心听这首曲子，想出一个能与之协调的郊区画面。”他并不知道心理学家把这种做法称之为通感（或称联觉），即把一种感官的感觉通过另一种感官表现出来——迪士尼的《幻想曲》也采用了这种手法。

美国第 40 任总统里根同样善于借助其他体验将抽象的概念形象化，他对第一个预算的陈述——把 10 000 亿美元比作是帝国大厦，就堪称经典。这种形象表达自己想法的能力对他日后驾驭政策极有裨益。根据美国广播公司的调查，在里根对入侵格林纳达[①]的行动作出解释性发言后，

① 美国入侵格林纳达，是指 1983 年 10 月 25 日凌晨，美国出动“快速部署部队”，采用突然袭击手段，对格林纳达发动海空联合作战，这是自越南战争失败以来美国最大的一次军事行动。——编者注

美国人对这一行动的支持率整整提高了一倍。

无论借助何种形式，有效沟通都是召集支持者所必需的能力，特别是当领导者的愿景需要作出巨大变革或者牺牲的时候。半个世纪以前的罗斯福和丘吉尔都是沟通高手，离我们更近一些的曼德拉、撒切尔夫人以及伊扎克·拉宾等领导也都是依靠他们非凡的说服和沟通能力改变了自己所处的社会。

相反，吉米·卡特在表达和交流方面就略逊一筹，这严重影响了他的号召力。其实说起来，卡特可能是自伍德罗·威尔逊以来最有学识的一位美国总统了。但学识并不意味着一切（这些东西多了可能还会导致"消化不良"），对意图的清晰表达同样极其重要。卡特总统可能想表达某个想法，但是他的说法总是含含糊糊。我们采访过一位卡特总统时期的内阁成员，她对我们说起为卡特工作往往非常辛苦，因为她总也搞不清楚他到底想说什么。关于吉米·卡特，她有一个非常漂亮的比喻："和他共事就好像是在欣赏一幅挂毯的背面，一团乱麻。"

团体中经常需要"某个人"来厘清事实。有这样一则关于棒球的逸事。某次锦标赛中关键的一场球进入了最后一局的加时赛，接下来的这一投将决定是哪一方得分。球飞了过去，裁判稍一犹豫，击球手气哼哼地转向他："嘿，这个球怎么算啊？"裁判答道："我怎么说就怎么算。"

当弗兰克·戴尔接手《洛杉矶信使报》（*Los Angeles Herald - Examiner*）时，这家在洛杉矶当地每天下午出版的报纸刚经历完一场长达十年的罢工。报业大楼早已被路障围起，关门近 8 年了。戴尔，这位新任报业总裁和发行人，不得不穿过大楼的后门去向他那些令人头疼的员工打招呼。听听他是怎么回忆当初那一幕的吧：

> 戴尔：从到那儿的第一刻起我就开始进入一个新经理的角色中……当时大楼的前门已经被路障围起来，8年都没有开门营业过了。我不得不穿过大楼的后门，录入指纹和头像，显示屏显示："欢迎老板！"进去后我就径直去了新闻办公间，走到员工们中间以便向大家介绍我自己。
>
> 记者：你是说，你无法通过公司的前门？
>
> 戴尔：是的，整个前厅都被障碍物围了8年。当时冲突非常激烈，甚至还有员工被杀害。最后是一些从未加入任何工会的员工在某夜共饮啤酒时彼此说道："我们不能再互相杀害了。"员工们才得以坐下来和平地达成协议，也最终争取到谈判的权利使事情得以解决。我把当时在岗的员工都叫来，随意地围坐在办公桌旁，没有人介绍我，于是我就自我进行了介绍。我当时几乎未经思考地说道："我想咱们需要做的第一件事就是该把前门打开了。"所有人竟然都站了起来相互拥抱庆贺，很多成年的先生和女士们都哭了。你看，这就是一个象征，路障就是防卫的象征，围攻的象征，我当时说了句"让阳光照进来吧"……然后才开始介绍自己，并感谢他们坚持为公司保留了希望，让我可以有机会重整旗鼓。当我说"让阳光照进来"时，他们也确实给了我很大的希望……

《洛杉矶信使报》恢复运营后，戴尔启动了一项叫作导弹的计划，来隐喻公司对快速增加发行量的追求。当时几乎在每一条街道和公告栏中都可以看到该报的宣传海报，显示出他们已经逐渐赶上了当地最大的竞争对手——在早间发行的《洛杉矶时报》。为了保持这一公司“起飞”的景象，戴尔特意为他的总经理座椅装上了飞机专用的安全带，自始至终，他总会耐心地系紧安全带。

通过对这90位领导者的访谈，我们可以总结出这样几条：

第一，所有的组织都要依赖于共同的意义感和对现实的认知，并借助这些来协调其行动，领导在其中则可以起到构建和唤起意义感并阐明现实的作用。这是最重要的一条。领导者阐述并界定从前没有说明的理念，然后用画面、比喻、模型等来为大家的专注力提供一个新的焦点，使大家能够勇于对固有的看法提出挑战。简单来说，领导力中的一个基本因素就是影响和塑造组织成员心中的意义感（在第4章中关于策略二的部分我们还要进一步讨论）。

领导力箴言
LEADERS
STRATEGIES FOR TAKING CHARGE

杰出领袖首先要知道“为什么”，然后才是“怎么办”，特别是在动荡的环境之中。这种区别也同样是领导者和管理者之间的一个关键差别。

第二，领导者用于传达和塑造意义的方式、方法各有不同。从雷德福的通感练习到穆格的模型解说，从弗兰克·戴尔（Frank Dale）充满象征意义的“让阳光照进来”到埃德温·兰德用话语描述的美丽画卷，不一而足。虽然所采用的风格各有不同，有的是口头的，有的是非口头的，有的是用语言，有的是用音乐，但每一个成功的领导者都意识到了组织是基于共同的意义感，并以这种意义来划分角色和权限的。他们也认识到了自己的一个核心职能就是传达一个能够影响并解读当前形势的蓝图，从而让员工能够以共同的现实解读来指导自己的行为。

第三，我们所说的“意义”的含义要远大于通常说的“沟通”。首先，它与事实甚至知识没有什么关系。事实和知识是关于技术、方法论的，比如说“关于如何做某件事的知识”，这些东西也很有用，甚至是必需的，因此在今天的事务中也很自然地占有了一席之地。但思考显然是与我们这里所说的“意义”关系更紧密，而不是知识。思考让一个人知道自己要做什么、应该做什么。思考对于现有秩序来说可能是一个危险的动摇因素，但它却是建设性的：**它提出新的方向和愿景，对旧习惯形成挑战。**不加思考地根据事实做事看似安全稳妥，长远来看实际上是一种非常危险的非建设性做法，因为它完全回避了方向问题。杰出领袖首先要知道“为什么”，然后才是“怎么办”，特别是在动荡的环境之中。这种区别也同样是领导者和管理者之间的一个关键差别。

关于这个问题我们还想多讲几句，因为我们想要找出的区别具有广泛的意义，甚至包括创造和审美等深层次的问题。管理者主要关注的是解决问题这一心理过程。它会涉及问题、方法，以及根据问题和方法而做出的解决方案。如果问题、方法以及解决方案在现实世界里全都不存在，那么这就是一个创造性的心理过程。创造需要“发现问题”，一个从头到尾一点点构建出来的问题。最高形式的发现需要寻找问题。这和组织确定新的方向或愿景有着异曲同工之处。这也就是前面我们说过的领导者和管理者之间的区别，是日常性的问题解决者与寻找问题者之间的区别。

但我们怎样才能知道一个新发现的问题或者一个创造性的想法是否具有很大的价值呢？应该如何进行评价呢？比如说，如果某人想要通过最短的路径从洛杉矶到阿斯彭去，那么通常的问题解决思路就是寻找一条相应参数最适合问题要求的路线。但是假如有人问：“沿最短的那条路径从洛杉矶到阿斯彭去是不是一个好主意呢？”那么依靠推理和逻辑就很难得出答案。因为认知标准不充分，无法对创造性的解决方案做出评估。我们如何辨别一个解决方案是否有创造性呢？为什么人们会拥护某一个解决方案、方向或者愿景，而不是其他的解决方案、方向或者愿景呢？

对于这个大问题，我们所能想出的最好的答案就是，唯有当员工（或任何听众）愿意为了将来的创造性贡献付出专注力，这个愿景（或任何想法）才能得到接受。但是我们必须要补充一句：一个新想法能否得到接受，从来都不是仅仅看这个想法本身的质量如何。**再好的点子，也要能够获得社会环境的关注才能称得上好**。而环境的状况（或者组织的状况）是无从预测的，有时候很好的想法也会立马就被枪毙了。

领导力智慧

LEADERS STRATEGIES FOR TAKING CHARGE

好的领导者能够为自己培养出一个新的听众群，因为他们在传递信息的时候能够“遵循”而不打破传统，从而改变人们的见解。领导力可以通过传递意义感来产生一个认知的共同体，而这个共同体就是有效的组织。

我们在今天的组织环境中所看到的、体验到的，都是恼人的官僚机制。其实很大程度上这就是因为意义感出了问题。有人想出了一个“好主意”。于是相应的职责被授权了下去，然后再向更下一级进行授权，然后再下一级。等到这个“好主意”真正执行起来的时候，它已经变得像是个没娘的怪胎了。领导者肯定没想到会变成这样。这种“怪胎效应”让很多负责实际操作的人手足无措，他们所面对的计划总是层层加码、变形扭曲了的。由于缺乏明确性，“官僚机制”几乎成了“逃避责任”的代名词。

沟通可以给人们带来意义，至少是应该如此。**只有通过沟通，一个**

群体才能够同心协力为了组织的总体目标而奋斗。把信息明确无疑地传递给所有层级是一个屡试不爽的法宝。可以说创造过程追求的就是这个，这也是管理者和领导者之间的一个不同之处。

策略三：通过定位赢得信任

信任是一种润滑剂，有了它组织才能够运转起来。如果一个组织中连一点点的信任都没有了，我们很难想象它将如何运作。没有相互信任的组织不仅怪异而且根本就很难生存，只能是作家笔下的东西。**信任意味着负责任、可预测、可依靠。**产品能够销售出去、企业能够正常运转，全靠信任，它还是维持组织完整的黏合剂。

信任和领导力一样很难描述，自然也就更难以定义。我们可以知道两个人之间是否存在信任，但却讲不出什么更多的来，顶多说它是极为重要的，是以可预测性为基础的。事实就是，我们信任可以预测、位置已知，并且能够留在这个位置上的人。**受到信任的领导者的做法就是让大家认识自己、亮明自己的位置。**

史瓦兹摩尔学院（Swarthmore College）前院长西奥多·弗兰德三世（Theodore Friend III）是这样定义“领导力”的：

> 领导力就是对自己有充分的认识、具有足够的协调能力，能够带动其他愿意追随的人共同前进，并且一马当先冲进选准的潮头。至于是从什么方向进入并不那么重要，重要的是对潮头的选择要正确，并且要适当地坚持留在这股潮头里。这里所谓的“适当”，也包括了要愿意借助有利的洋流。

对于下属，以身作则比苦口婆心更有效。不论是在行动上还是言语上，领导者都需要厘清过去的脉络、认清当下的现实、想清楚将往何处去，从而更好地应对在追求理想的路上可能会出现的变数和动摇。

弗兰德博士着重强调了方向的概念，以及要知道应该如何、必须怎样。我们的领导者也以各种方式体现了这些原则。领导者是些可靠、坚持不懈、不知疲惫的人。

一些杰出人物为了自己所信仰的事业作出了持续的牺牲，甚至有时候还要面对死亡，就是因为他们选择了一个方向并且坚持留在风口浪尖上。最终，这种长期的奉献赢得了信任。

当我们走进雷·克洛克的办公室以后，他最先做的一件事情就是从墙上取下一个镜框，里面是加尔文·柯立芝（Calwin Coolidge）的一段话。那是他最喜欢的一段励志语，我们特意抄录如下：

> 世上没有任何东西能够取代坚持。
> 才干不能够，郁郁不得志的人才比比皆是。
> 天分不能够，天才几乎个个穷困潦倒。
> 教育不能够，受过教育的流浪汉充斥街道。
> 坚持、坚定，才是最重要的。

在麦当劳总部，我们所去过的每一间高层管理者办公室里都有嵌着这段话的镜框，而且全部放在来访者一定会看到的显著位置上。

领导力智慧

LEADERS STRATEGIES FOR TAKING CHARGE

实际上，我们到目前为止的境况就是一个定位，接下来要采取怎样的行动才能实现领导者的愿景，就取决于这个境况。如果说愿景就是一个想法，那么定位就是领导者所建构的小生境[①]。为了形成这个小生境，领导者就必须在明确性、坚定性以及可靠性方面做出表率。通过确立位置、保持航向，领导者就可以建立起信任感。

实际上，这 90 位领导者的董事会以及员工在评论他们时常常说他们“表里如一”。领导者对待愿景就好像对待衣服一样，仔细挑选，从不离身。他们先是自己坚信自己的理想必能实现，然后带动其他人也相信如此。他们的行为就是他们的理想活生生的体现。

纳尔逊·曼德拉也许是自甘地之后最伟大的凭借对理想的不懈追求来改变国家、影响后人的典范领导人了。自 1944 年在风华正茂的年纪加入南非非洲人国民大会（简称非国大，ANC）之后，他历经了 20 年艰苦卓绝的政治拼搏和 26 年的牢狱之灾，但却从未动摇过对取消南非种族隔离制度的追求。顽强的坚守终于在 1990 年换来了回报：他领导的非国大在经历了与德克勒克政府曲折反复的谈判协调之后，最终实现了南非向多种族政府执政的和平转变。1993 年授予他的诺贝尔和平奖以及随后不久选举他就任南非总统一职，正是全世界和整个南非对他作为领袖卓越的坚韧意志所给予的肯定和嘉奖。

第 40 任总统里根是维护自我形象和坚持不懈的又一典范，他的名言

① 小生境是指特定环境下的一种生存环境。——编者注

“坚持到底”被一再证明是多么的正确。他曾一次又一次的因为矛盾和惨败而从睡梦中惊醒，却仍然坚持优雅地继续冒险旅程。他的团队中的多名成员曾因分歧发生口角，他却坚定依旧、岿然不动。当海军陆战队在贝鲁特事件中遭受质疑时他所承担起的责任表现了他的英勇无畏，他对杰克逊牧师的恭喜则展现了良好的竞技精神，甚至他支持五角大楼在格林纳达开展舆论禁言以公开左右公众观点的行为也得到了广泛支持（当然不包括媒体界）。虽然不是他的所有行为都谈得上“正确”，但是里根明白：选择哪条路未必是重要的，重要的是在路上理智地坚守。

所有的领导工作都需要这种坚定性。艾尔弗雷德·斯隆就是这方面最佳的例子之一。当他来到通用汽车的时候，这家公司四分五裂，连一个既定的政策也没有。他写道：“1921 年初，我们的十种车型分成了七个系列，不合理性的程度可见一斑……这里一定要整顿整顿。”斯隆给了通用汽车一个市场定位，将它转变成一个优秀的企业，自己也赢得了很大的声誉。当时他把通用汽车所有车型的价格归并成六个档位，并且推出了价格在 600~900 美元之间的低档车款。毫无疑问，斯隆把给通用汽车定一个适当的位置看作是自己作领导者最为重要的职责之一。这些领导者都在不知不觉地遵循着“坚持就是胜利”这句中国格言。

我们要特别强调通过定位赢得信任是出于两个原因。

第一个原因是关于组织完整性的。我们发现，一个良好的组织结构就像是一个身体健康的人，两者有很多共同之处。实际上，这就相当于是具有了健康的自我认知。如果一个组织很清楚自己是谁、要做什么，那么我们就可以认定它一定有着健康的结构。这还是“选择并保持一个方向”的意思。组织完整性的概念就是如此。由此入手，领导者就可以更好地理解并塑造他们的文化。

然而实现组织的完整性是说起来容易做起来难。这个问题的部分原因在于对组织中的“分结构”缺乏理解。哪怕是再小的组织，其中也是包含分结构的。我们总是以为组织是铁板一块，几乎每一天，媒体以及我们追求简单化的想法都在加强这种错误观念。这种看法不仅是严重错误的，而且具有很大的危险性。比如，报纸经常报道说，国防部或者加州大学或者 IBM（又或者是任何组织机构）将要采取这样或者那样的一条行动路线，他们口中将要付诸行动的通常都是一个单独的群体——管理层。这个所谓“管理层”的角色经常摇摆不定，由于我们无法看到行动决策的形成过程，所以这些行动俨然蒙上了一层高高在上的色彩。实际上，管理层的每一步行动背后都有着一系列的会晤、纠纷、探讨、个性、情感以及偶然因素。这个过程就是官僚政治。一个国家的外交政策、公立学校的质量、媒体对于新闻的选取以及处理手法等均取决于这样的程序。

领导力箴言 LEADERS STRATEGIES FOR TAKING CHARGE

一个组织要实现完整性，它就必须具有一个自我认知，也就是说知道自己是谁、要做什么。

我们对于组织决策过程的见解主要是基于这些报道以及其他一些内容，所以特别偏重决策的“成果”，而从不（或者很少）注意其过程。这样造成的结果当然只能是获取一些错误的观念，有时候甚至是毁灭性的错误。像巧合、无知、愚蠢、鲁莽以及非恶意的误解等因素全都被选择性忽略了。因此，公众很少能够看到政策或策略的形成过程中的那一幕幕戏剧性的场面。他们只能看到一些举动，听到一些声明，并因而得出结论，以为这种行动都是一个不带感情色彩，甚至是机械化的诸如“评估—

解决方法”“选择—理性决策”的过程的结果。实际上由于人的天性，这种过程几乎从来没有出现过。

一个组织要实现完整性，它就必须具有一个自我认知，也就是说知道自己是谁、要做什么。或许套用人格理论也同样能够讲得通。每一个人都是一系列“自我”的综合体。如果这些“自我”之间不能进行很好的沟通，那么这个人也就无法与其他人保持有效的沟通。完整性问题在当代的精神健康文献中居于核心地位，在组织中，我们也可以通过了解不同的“组织自我”或现有结构来研究其完整性。

每一个组织中都包涵着以下四重组织理念，它们之间经常发生冲突，或者只是勉强维持着统一。

- **书面组织，**组织领导人和团体所描绘的组织结构图所显示的那个组织。当然这个组织未必就是公开显示出来的，它所掩盖的事实并不比它揭示出来的事实少。
- **感知组织，**人们实际感觉到的组织。有几次，我们请员工描画出在他们的心目中，组织是如何工作的。他们的看法与官方看法，也就是“书面组织”，往往相差十万八千里。
- **现存组织，**通过系统的调查得出的组织情况，譬如一个试图“客观看待”组织的顾问所想要得到的那一种。
- **所需组织，**一个符合当前环境要求的组织应该是什么样的。

最理想的状况就是书面组织、感知组织、现存组织和所需组织能够尽可能地彼此接近，但这是不现实的。而如果这四种组织理念发生了冲突，那么组织文化就会表现出自我认知的混淆，完整性也难以实现。

此处的讨论我们又可以套用精神健康理论了。很多精神治疗学派都认为精神是否健康取决于个人能否让人格中的各个“自我”和谐相处。一个身心健康的人与别人眼中的他是很接近的。

判断组织完整性的标准也大致相同，也就是说书面组织、感知组织、现存组织以及所需组织在层面上应该保持和谐，相互之间都有一定的认识,但这四种组织的理念并不需要完全一致。**这四种类型都应该得到承认，并且容忍其间的不平衡所造成的压力。或许这四者之间不可能（甚至不应该）完全重合。重要的在于承认对于混淆和冲突的高度注意。**没有定位，这一点就无法实现。

定位如此重要的第二个原因仍然与“坚持到底”有关，即坚定性。我们一直都在说，有效的领导力必须要勇于承担风险，要创新、挑战、改变组织文化的基本新陈代谢。这种形式的领导力需要像海曼·乔治·里科弗（Hyman George Rickouer）将军说的那样，“有勇气，有耐性”。**在实践中这就意味着“坚持、坚持，再坚持”。**任何创新，或者说任何新想法，在一开始必然都是得不到接受的，哪怕是非常有道理的想法。如果所有人都接受了这个创新，那么它就很难得到认真对待。创新需要经历抵制和反对才能真正成熟。在开始的时候，任何新想法看起来都是很蠢、不现实或不可行的。经过反复的尝试、展示以及演练之后，创新才能得到接受，并被组织消化吸收。这需要坚持以及“有勇气，有耐性”。

有家食品加工企业曾为了调配出一款新的馅饼面皮配方而屡败屡战，一次又一次的试营销都以失败告终。该公司的实验室每年都会推出一款原以为会一炮而红的新配方，每一年的结果却都是在一些重要的试销市场上毫无例外地惨败。无数次的挫折让管理层一度变得烦躁而恼怒，以至于开始给这个新配方项目起名为“勾践项目”，来表达他们对项目历经挫败后起死回生的期望。如今，他们的新馅饼面皮配方终获成功，成为给该公司带来大量销售额和利润的拳头产品，而原因仅仅是因为他们坚持了下来。

就像伍迪·艾伦（Woody Allen）说过的：“80%的成功是水到渠成的。”对于懂得通过定位来形成信任的组织和组织领导者来说，情况似乎也是如此。

这一段我们不妨以唐·马奎斯（Don Marquis）的一首诗来结尾。这首诗写得很好，很有激励性，能够反映出定位的精神以及“有勇气、有耐性”。

蛾的启示

那晚我与飞蛾交谈。
它一心想撞破电灯泡，焚身于那灯丝上。
我问：“你们何必如此？
因为蛾类惯例？
若这不是电灯泡，而是一根没有灯罩的蜡烛，
你现在已经是一小团灰烬了，这是为什么？
莫非你们没脑子？”
“脑子当然有，”它答，“但我们有时觉得腻了，不想用它。
我们受够了例行公事，渴求美与刺激。
火焰是美丽的，我们也知道，如果靠得太近就会被烧死。
但那又有什么呢？
瞬间幸福，然后在美的火光中燃烬，

强过无聊的长命。

所以我们把整个生命填入一个小小火筒，

然后将它燃点。

这就是生命意义之所在。

在一瞬间成为美的一部分，

然后消逝，

这好过永生而与美绝缘。

我们对待生命的心态便是，

坦然来去。

我们很像人类——

在他们受到太多文明教化，不再懂得享受自己之前。”

我还未及说服它放弃这种哲学，

它就已经去了，投身于刻着花纹的茄打火机的焰上。

我不同意它。

若问我，我宁可只得一半的幸福，

而有两倍的长度。

但与此同时，

我还是希望有些东西，

能让我像他渴望投身烈火一般地去向往。

策略四：通过自重实现自我成长

颜阖将傅卫灵公大子，而问于蘧伯玉曰：“有人于此，其德天杀。与之为无方，则危吾国；与之为有方，则危吾身。其知适足以知人之过，而不知其所以过。若然者，吾奈之何？”

蘧伯玉曰："善哉问乎！戒之，慎之，正女身也哉！"

——庄子

这两段话其实都告诉我们领导力是离不开人的，但如今无论是大学还是企业都忽视了这一事实，他们过分地看重量化分析和阐述问题，而把“人际关系”太过于简化了。我们发现越是高级职位，其工作中的人际和关乎于人的成分也就越大。我们采访的最高管理者有大约 90% 的时间都是和别人在一起，用于理顺各种关于“人”的问题。我们对于有效领导者的研究表明，这其中自我管理是一个关键要素，接下来我们就来讨论这个概念。

自我管理的重要性不言而喻,做不到这一点,领导者往往会适得其反。庸医可能致命,无能的领导者也会让人低效。这叫“医源性疾病”(iatrogenic disease)，意思是医生或医院在治疗过程中由于医护人员各种言行、措施不当而造成的病痛。同样，领导者在解决问题的同时也可能会带来新问题。

CBS 新闻公司前总裁弗雷德 · 弗兰德利（Fred friendly）是反映出这个问题的一个典型例子。他时时都在狂想着未来的愿景，并把愿景硬塞给那些无动于衷的听众。一次有人问他，是否有过神经承受不住而崩溃的情况，他说："我没有过，但是经常害得别人崩溃。"我们都知道有些管理者会让自己得心脏病和其他一些累出来的毛病，但更可怕的是他们能让员工也感染上这些病。这就是我们所说的“医源性疾病”。由此我们得出一个结论：有效的领导力就和创造性（而且健康）地使用自己的身体一样，谈不上特别的高贵或者低贱。

创造性的自我成长使得领导工作和“人”密不可分，这就是我们所

说的“自重”。这个词是从领导们回答我们给出的问题“你有哪些优点和缺点？”中提炼出来的。通常情况下，领导者都会特别强调自己的优点，而对自己的缺点则轻描淡写，小而化之。这并不是说，他们认识不到自己的缺点，但他们不喜欢多谈这些。我们访问过的时代 - 镜报出版集团的前董事长富兰克林·墨菲博士就是一个非常懂得“自重”、能够认清自己的人。他说自己“想都没想”就拒绝了四次加入总统内阁的机会。他说：“我只是觉得我不太擅长这类事务。”

其实，我们很难说清楚什么叫作“自重”，但是至少可以说出什么不叫“自重”。首先，它不是自吹自擂或是以自我为中心，也不是通常人们所说的自我陶醉。这些领导者们一点自我崇拜或者骄傲自大的影子都没有。

他们知道自己的价值。他们相信自己，可又不会让自负或者幻景挡住前进的步伐。以下这位领导者口中的自尊，其实讲的也就是这个意思。

> 自尊是最重要的。如果失去了自尊，那我们就只是一群不情不愿干活的奴隶，任何人都可以随意摆布我们，特别是那些令我们害怕，或者轻蔑我们的人。你会想：任何工作都还是不够好，如果他们连我这样的货色都肯要，那么可见他们（或这份工作）肯定也不怎么样。格劳乔·马克思（Groucho Marx）的名言把缺乏自尊者的尊容描绘得淋漓尽致：“哪个俱乐部要是连我都可以加入，那我就绝不会加入他们。”他们不停地自责。在他们眼中，自己每一次与人打交道的时候都索求太多，而得到的又太少，他们每一封没有回复的信函都见证着自己的懒惰和罪孽。如果没有自尊，我们就会自暴自弃。这才是最大的损失。

认识到自己的长处，设法弥补自己的短处，是走向自我认识的第一步，也是“自重”的第一个要素。我们在研究中所采访的这些领导者好像很早就知道自己的长处在哪里：制片人约翰·科蒂（John korty）还在俄亥俄州上中学的时候就开始制作并发行影片了；克莱尔·汤森（Claire Townsend）十几岁就开始发表文章；指挥家詹姆斯·莱文（James Levine）5岁的时候坐在音乐厅第一排拿着乐谱数拍子，让台上的成年指挥感到十分紧张；安迪·格鲁夫（Andy Grove）从小就知道自己在机械方面有天分，很早就知道自己想要“进入工程界”。大多数领导者在小时候就知道自己善于与人打交道，等到将来登上领导岗位后，必能有一番作为。

“自重”的第二个要素是严格自律，培养自己的技能，也就是不断增长自己的才干。很多领导者（但远非所有的领导者）都爱好体育运动，而且很希望能够得到关于自己成绩的反馈以及各种相关数据。他们也像运动员一样经常根据从前的成绩给自己设定更高的目标。唐·格维茨（Don Gevirtz），美国驻斐济大使、富特希尔集团（一家信贷机构）的前董事长是这样说的：“挣到了第一个100万以后，我知道自己可以在不到一年的时间里再挣到两个100万。”英特尔的销售额还不到10亿美元的时候，总裁安迪·格鲁夫就提出了15亿美元的目标（当时是1994年）。星巴克董事长兼CEO霍华德·舒尔茨（Howard Schultz）提出要在20世纪结束之前，把他的1 000家店面翻一番，达到2 000家。

我们想说的不是这些盈利或业绩的数字，而是领导者改进、提高自己技能的能力。这是领导者和追随者的一个重要区别。**领导者几乎可以说是具有一种“自我进化”的能力。**

当然，领导者并不一定所有方面都要做到出类拔萃。尽管如此，领导者的缺点仍是个不可忽视的问题。有时候可能只是一点小小的个人问题，但是在反复发作之下，也可能造成严重后果。因此优秀的领导者会及时修正自己的不足之处，以免造成大患，这些不足恰好可以用来扩展领导者的能力。威尔·克拉克森（Will Clarkson）就是这方面最好的例子之一。在接受采访的时候他是图形控制公司（Graphic Controls，Inc.）的董事长兼CEO。他很准确地察觉到自己长于技术而不擅于人际关系，用他自己的话说就是："我是个玩技术的，搞不定人。"于是，他开始参加人际关系课程，并且请了一个顾问来帮助他改进人际关系能力。两年过后，他开了一系列提高人际关系能力和沟通能力培训班，并且亲自授课，成为一位全面均衡的领导者。

一般来说，优秀的CEO要么建立起一支能够弥补自己弱点的工作队伍，要么干脆不要涉足自己不在行的工作。**这就引出了"自重"的第三个要素：能够察知自己的能力与工作的要求是否匹配。**就好比"想都没想"就拒绝了政府高位的富兰克林·墨菲。

传统观念经常误解"自重"的这第三个要素，把认清个人能力与组织需求的匹配程度当成是善识时务。根据我们对这90位领导者的职业轨迹的研究，实际上，无论是自己的能力素质正当其位或是不再适合组织的需要，他们都能及时察觉出来。借用乡村与西部歌手肯尼·罗杰斯（Kenny Rogers）的歌词来说，他们直觉地知道"何时该坚持，何时该放弃"。他们所谓的"识时务"实际上主要来自于对自己的能力与需要的匹配程度的认识。

我们可以把人的优缺点看成是一种"粗略的配方"，或者是制订详尽计划所必需的媒介。按照我们采访过的一位领导者的说法，一个热情高涨、发挥着自己全部的个性和潜力（甚至包括自己的缺点），勤勉工作、不达最佳效果誓不罢休的人，看起来“赏心悦目”。这样达到的最终效果就是自我满意以及良好的完整性，让宏大的愿景得以生根发芽。归结起来，“自重”主要有这样三重含义：

- 了解自己的长处。
- 具有培养和开发自己长处的能力。
- 能够察知自己的优缺点和组织的需要之间的匹配情况。

此外，如果单单从工作和职业的角度出发，我们也可以这样认识“自重”：**自重的人能够做好自己的工作，具备工作所需的技能。他们喜爱自己的工作，从中能够让自己的基本需求和动机得到满足。而且，他们还为自己的工作感到自豪，这工作反映了他们的价值观体系。**

我们还发现，90 位领导者因为“自重”而得到了他们员工的高度敬重。这一结果颇令我们吃惊，不过现在想想也确实应当是意料之中的事。单片存储器公司（Monolithic Memories）前总裁兼 CEO 埃尔文文·费德曼（Irwin Federman）这段话说得非常好：

> 细细想来，我们喜爱一个人，其实并不是因为他自己如何，而是因为他们给了我们很好的感觉。我们愿意追随一个人，在很大程度上也是这个原因。因为这样做让我们感觉很好。没错，我们也要服从其他一些人的领导，比如严厉苛刻的长官、自私自利的天才、不依不饶的配偶、所属派系的头儿，等等。但我们服从他们，并不是因为他们的领导力很强。只有当我们发现听从某个人的指挥令我们有很好的感觉时，我们才会心甘情愿

地接受他的调遣。在我看来，这种在日常不经意间给人以很好的感觉的能力，就是领导力的精髓所在。

关于这一点还有另外一个很有趣的表述。它的角度略有不同，来自于著名城市设计师和开发商詹姆斯·劳斯（James Rouse）。他对马里兰州哥伦比亚市的项目中一些房屋的外观不满意，于是在接下来的设计中，他就试图通过喋喋不休的唠叨和纠正来对建筑师团队施加影响。结果毫无效果。于是他就停止了这种做法，改为把建筑师送去参观全世界最优秀的、能够体现他的希望、他的追求的建筑。建筑师们受到了洛茨的愿景的鼓舞，设计出了一批外观、功能都达到全美国一流水准的房子。这也同样表明领导者的“自重”是有传染性的。

再举两个例子：在宝丽来早期的日子里，埃德温·兰德总是鼓励他的团队要“把不可能变成可能”。兰德的“自重”令他手下的经理们相信自己不可能失败。20 世纪 50 年代中期，威廉·休伊特（William Hewitt）接管约翰·迪尔公司（John Deere）后，将这个老迈乏力的农业设备公司变成了现代化跨国企业的领头羊。他的秘诀就是：永远在问“这个还能弄得再好一点吗？”于是就会有员工自告奋勇地提出建议。迪尔的一名老员工说：“休伊特让我们知道了自己有多棒。”

“自重”的领导者极少需要批评或处罚他人，不论他们领导的是大型跨国公司、知名交响乐团还是橄榄球队，都是如此。约翰·罗宾逊教练告诉我们，在他的运动员已经清清楚楚地知道他对他们的能力抱有无条件的信心之前，他决不会批评他们。而在他们明白了这一点之后，他或许会说（如果确实对运动员有好处）：“你看，你做的 99% 都好极了，但余下的那 1% 是具有关键意义的。咱们来想想办法。”他在南加州大学当教练的时候就曾对当时还在读大三的马库斯·艾伦（Marcus Allen）说过类似的话。但在那之前的两年里，他一直在树立艾伦的信心。艾伦后来成为了美国国家橄榄球联盟最优秀的跑卫之一。

前面提到过的埃尔文·费德曼只用了几句话就把其中的关键说得通通透透：

> 我们的潜力直接取决于我们的自尊心，也就是我们的自我感觉是否良好。如果我们把自己看得很高，那么对自己期望就会很多。这使得我们会给自己定出更高的目标，提出更多的期望，从而带来更惊人的成就。如果你同意我的说法，那么你就必然得出结论，那些让你急于、乐于为之效力的人，会让你觉得自己很了不起。这不仅仅是因为他们的职位或者权力，而是因为和他在一起让你有一种非常棒的感觉。

积极的"自重"似乎是通过造成一种彼此信任、彼此寄有很高期望的感觉来发挥作用的。这跟著名的皮格马利翁效应[①]颇有近似之处。伊恩·麦格雷戈（Ian McGregor）接任英国钢铁公司的董事长职位之后，他的第一道命令就是重振中级管理层的士气。"我一直相信这样一个理论，"他说，"那就是组织里面职位最高的那个人一定要懂得如何激励人。"他无法像通常的盈利企业那样为管理者提供大笔的金钱，但他可以通过提高他们的独立性和信心来鼓舞他们。"人们开始感觉到自己也在管理着公司的一部分，他们有了更多展示自己才华的机会。"

① 皮格马利翁效应是说人心中怎么想、怎么相信，就会有此成就。你期望什么，你就会得到什么，你得到的不是你想要的，而是你期待的。——编者注

“自重”经常和成熟联系在一起，但我们觉得说成情商似乎更加贴切。成熟有一种与童年作别的意味，但我们的领导者身上似乎保留了许多孩子的优秀品质：热诚待人、积极主动、想象力丰富，并且有着无限的学习能力。在我们看来，那些能够很好地与他人相处的人身上都体现出了极高的情商，具体体现为 5 种重要技巧：

1. **能够包容他人，而不是一厢情愿地想让别人变成他们希望的样子。**从某种意义上讲，这是一种很有高度的智慧，能够设身处地地理解他人，而不是替对方做出判断。

2. **能够不带历史包袱地着眼当前、放眼未来。**以史为镜确实可以知兴替，但着眼当前、避免错误似乎对我们的管理者更有帮助，而且从心理学的角度看，着眼于当前比念念不忘一些陈年旧账要更好。

3. **给予亲近之人足够的关注。**这一点在我们与自己家人的关系中尤显重要，但很多人却并没有做好。我们对自己最亲近的人往往是满不在乎，对他们的言行也太习以为常，所以听不出他们话里话外的实际意思，也无法评价他们行为的实质意义，有点好坏不分。一旦关系变得如此“过于熟悉”就会造成两个方面的问题：

- 其一，听而不闻。选择性失聪造成错误理解、错误认识以及错误本身。
- 其二，不理不睬。不通过反馈来表达自己的关注。

4. **能够信任他人，即使很有风险。**不轻信他人经常是自我保护所必需的，但如果因此就时时保持戒心，疑心重重，那就会得不偿失。从长远来看，宁可有些轻信、冒一点遭到欺骗或者失望的风险，也比疑虑别

人的诚信要好。

5. 能够适应不被经常认可和赞同。特别是在工作场合中，总想要得到别人的赞同可能会是有害的，会起到相反的效果。领导者并不一定非要赢得众多员工的喜爱；他们与员工齐心协力高质量地完成工作才是真正重要的。富于智慧的领导者都知道，如果把求得他人好评看得太重，就会影响到工作的质量。况且承担风险本就是领导者工作中的一个重要组成部分，而风险本来就不会让所有的人都感到高兴。

并不是人人都能做到“自重”,也不是所有我们希望“自重”的人都会“自重”。我们还不完全知道“自重”是如何出现的，对这一问题以后会做进一步探讨。我们已经知道的是，**这种“自重”并不会遮掩人性中的瑕疵，相反会让人习惯于思考自己的潜能，或许这也是一种营造追求卓越与伟大气氛的方法。**

领导力智慧

LEADERS STRATEGIES FOR TAKING CHARGE

自重的 5 个重要技巧

1. 能够包容他人，而不是一厢情愿地想让别人变成他们希望的样子。
2. 能够不带历史包袱地着眼当前、放眼未来。
3. 给予亲近之人足够的关注。
4. 能够信任他人，即使很有风险。
5. 能够适应不被经常认可和赞同。

用沃伦达因素实现自我成长

> 走在钢丝上的时刻才是生活，其余的时间都是等待而已。
>
> ——卡尔·沃伦达

或许领导者身上最引人注目、最值得牢记的品质，就是他们对失败的反应。像卡尔·沃伦达这样拿生命冒险的高空走钢丝演员一样，这些领导者对自己的工作也是全力以赴。他们根本就不去想一旦失败了会如何,甚至连“失败”这个词都不说,而是代之以“错误”“故障”“搞糟”“出岔子”“弄砸”“挫折”“麻烦”等花样百出的说法，就是不说“失败”。其中一位领导者在接受访谈的时候说:“错误也是做事情的一种方式。”另一位说:“如果我也能算得上是在领导力方面有所心得的话，那就是尽可能快地犯下足够多的错误，好让我能够从中学习。”其中一位引用了哈里·杜鲁门的名言:“无论何时，如果我做了一个很烂的决定，我就马上出去再做一个决定。”

1978 年沃伦达摔死后不久（在波多黎各首府圣胡安的市中心走钢丝时从绳索上掉下来，绳索距地面高度约 23 米），他同为走钢丝演员的妻子这样说：

> 或许这是他最凶险的一次表演了。那之前整整三个月，卡尔心里就只有一件事：可别摔下来。他以前可从不会想那种事。这一次他似乎是把全部的精力都用于避免让自己摔下来，而不是用在走钢丝上。他甚至亲自察看绳索的安装情况，以确认其是否牢固可靠。这种事情他从前是想都懒得想的。

通过对成功领导者的采访，我们逐渐明白，**从卡尔·沃伦达把全部精力灌注到“不要摔下来”而不是“走钢丝”上的那一刻起，他就几乎是注定要失败了。**

在采访科伯斯公司（Koppers Company，一家多元化的工程、建筑与化学品公司）前总裁弗莱彻·拜罗姆（Fletcher Byrom）的时候，我们看到了沃伦达因素的一个例子。我们问他“你做过的最困难的决定是什么”，他说：

> 我不知道什么叫作困难的决定。或许我这人不正常，但我就是从来都不担心什么。每当我作决定的时候，我都首先承认我很有可能会犯错误。我所能够做到的就是尽我所能作出最好的决定。忧心忡忡只会扰乱我的思考。

再来看看雷·梅尔。他或许是美国大学篮球界取胜最多的教练了。他曾率领德保罗大学篮球队取得了连续 42 个赛季的胜利。在他的篮球队在主场 29 连胜之后首次失利之际，我们打电话问他有何感想，他的回答一下子让我们想起了沃伦达：“好得很！这下子我们可以全心全意地争取胜利，不用再为保持什么不败而分心了。”梅尔让我们对沃伦达因素有了全新的认识：我们应当具有拥抱未来成就的能力，把自己的全部精力投入到面前的任务中去，而不是向后看，为过去的事情找寻借口。

对于很多人来说，“失败”一词带有终结、死寂的味道，令人感到无助和灰心。但是，**对于成功的领导者来说，失败却是一个开始，是向着希望起飞的跳板。**

我们在研究中发现了很多这样的例子。洛杉矶前市长汤姆·布拉德利（Tom Bradley）在被问到对于在州长竞选中落败的看法时说：是的，当然，我对选举的结果很失望，因为我只是以一线之差惜败。但这并不是我第一次在竞选中失利。每一次我都会卷土重来，我不会就此认输。这一次我也看不出有什么理由要改变这种想法。我当然没有退出政坛的想法。我给自己多种选择的机会，其中之一就是再次竞选州长。

或许关于沃伦达因素的最佳例子还是威廉·史密斯伯格（William Smithburg），桂格麦片（Quaker Oats）的董事长，他犯了两次关键性的失误——购买了一家小小的电子游戏公司（后已关闭）和一个法国宠物饰品店（后被从账目上勾销）。后来，在一次有手下60名食品营销人员参加的会议上，他说：“在这家公司，没有哪名高级管理者手上没有一个搞砸的产品。我也不例外，开始做一件事情，这就像学习滑雪一样，怕摔跤就永远也学不会。”

领导力智慧

LEADERS STRATEGIES FOR TAKING CHARGE

在这些领导者看来，失败就是交学费。并不是说他们喜欢失败，但他们确实能够从失败中有所得。他们能够从失败中汲取能量，从而达到更高的目标。几乎每一个小小的失误都被认为是一个机会，而不是世界末日。他们坚信自己能够从中学到东西，那就是如何成功实现自己的愿景。

积极的态度经常是从经验中习得的，哈罗德·威廉姆斯（Harold Williams）就是如此。当我们问他对他的领导方式影响最大的一件事是什么的时候，他讲了自己没能成为诺顿西蒙公司（Norton Simon, Inc.）总裁的故事。

当时我怒火万丈，对那些遴选者的眼光感到极为失望，显然他们是蠢得无可救药了。我自怜自艾。此后不久，我偶然间向一位老朋友说起了这件事，当时他问我有什么新鲜事，我就把这件事告诉了他。他望着我，说："你有没有静下心来想想或许他们是对的？"那之前我还真没有想过，但是那一刻我开始思考了。从那时起，我才又一次能够听进别人的话，能够看到实际情况，我发现，他们可能真的是对的。对我而言，这是最重要的一课（虽然可能我还是觉得是他们错了），但我至少能够理解了，从中我也学到了几件事。当公司再一次选总裁的时候，我当选了。

另一个例子是百老汇的著名制片人哈罗德·普林斯（Harold prince），通常在他的每场百老汇音乐剧开演后的第二天早晨，他先不是去阅读有关该剧的反响和评论，而是直接召开媒体发布会，向大家发布他下一部新剧的构想。

在具有重大意义的行动中，经常会出现批评的声音。善于接受批评是很重要的，尽管这令人很难堪。它最能检验一个人的"自重"程度。而且批评意见越是有道理，就越是难以接受。

沃纳·埃哈德（Werner Erhard）的著名课程得到了广泛的关注，其中自然也不乏攻击谩骂，有些根本就是毫无道理的。关于如何回应这些批评，他是这样说的：

在我看来，有一点是很明确的，那就是经常遭到"攻击"是正常的，如果一个人把攻击当回事，那么他首先就失败了。

我知道很多人都被批评意见吓怕了，因而屈服了。自那以后，他们只要一开口，满口都是对根本就没有人提出的批评的回答，他们的表达变得支离破碎。所以最重要的就是：不要理会别人的攻击。

但是这样一来，我们就又可能对别人的攻击视而不见。我认为这也同样是有害的，因为它会使我们不够正直。我们必须接纳、接受别人的攻击。但我所说的接受并不意味着“同意”，我所说的接受是指“容许”。**如果一个人要前进，就必须要容许攻击。**

那么问题就来了：“我该如何利用它呢？怎样借助这个攻击来帮助我向前进？”很多攻击可以帮我们避免一些本可能犯下的错误。打个比方，如果因为某件我们并没有做的事情而遭到了攻击，那么我们就会知道这件事不能做！或者我们会想是不是应该做这件事，甚至于产生向这个方向靠拢的想法，导致这种攻击真的成了查有实据。

领导力箴言
LEADERS
STRATEGIES FOR TAKING CHARGE

对于成功的领导者来说，失败却是一个开始，是向着希望起飞的跳板。

我们再来谈谈那些说对了的攻击。这种攻击是最难办的。“没错，是这么回事，我脑子不好使。我错了。”这话太难说出口了。因为通常我总是在不断地纠正自己的错误。实际上，即便在我能够接受批评的时候，有时候也是以“虚心接受”来避免直接面对。**所以说，有道理的攻击是非常有帮助的，因为它们能够很好地让一个人看清自己的错误。**

沃伦达因素主要是一个关于学习的问题，一言以蔽之，就是“尝试”。

在任何学习中都难免会有“失败”，但从失败中我们也依然可以有所收获。故而我们可以总结出一个适用于所有组织的一般原则：“对于情有可原的失败，不应以怒火待之。”斯宾诺莎曾经提出过一个与此非常接近的原则。他说，人类所能进行的最高尚的活动便是学习，或者用他的话来说，就是理解。他提出，那些以怒火对待他人的失败的人，是情绪的奴隶，什么也学不到。

IBM 创始人汤姆 · 沃森将斯宾诺莎的原则付诸了实践，或许他并不知道斯宾诺莎的这个原则。IBM 一个很有前途的低级别管理者参与了一个很有风险的项目，结果赔了 1 000 万美元，损失惨重。沃森把那名心神不安的管理者叫进了办公室，年轻人冲口而出：“我猜您是想要我引咎辞职吧！”沃森却答道：“开什么玩笑，我们可是为你付了 1 000 万美元的学费啊！”

尽管“领导”是一份工作，而且领导者为之得到了不菲的收入，但实际上，他们的回报在某种意义上是来自于冒险和玩耍，这也是他们的价值所在。在我们的访谈中，他们对于自己工作的形容和科学家很相似：“探索一个新的空间”“解决一个问题”“设计或发现一些新的东西”。与探险家、科学家以及艺术家一样，他们似乎也把自己的全部专注力放在了有限的范围内即他们的任务中，忘掉了自己的麻烦事，失去了时间的概念，追求一种一切尽在掌握的力量感。当这些因素具备的时候，领导者在自己的工作岗位上是非常开心的，根本就不担心自己的行动会不会有成效，能不能得到回报，是不是能行得通。此时，他们就是走在钢丝绳上。

现在我们来把自我管理的两要素总结一下，形成一个统一的理论。“自重”和沃伦达因素都直接影响到自我管理的结果。关于“自重”的基本问题是：我的能力如何？我具备工作所需要的那些素养吗？沃伦达因素主要涉及的是一个人对于结果的看法。如果反过来看，我们的理论就很清楚了。人们可能会深深地怀疑自己能否做到，因而停止尝试，这就是消极的“自重”了。也可能他们很相信自己能力没问题，但却因为认定自己的努力不会有结果而放弃尝试。这就好比卡尔·沃伦达因为风力或者绳子的问题而决定不去走那根钢丝。

关于“自重”也可以这样理解。我们再举一个例子。那些自认为不善于在崎岖山路上开车的司机会想到出车祸、受伤的场景，而那些对于自己驾驶技术信心十足的司机脑中浮现的是在山路上顺畅行驶的景象。人们所预期的社会反响主要取决于他们认为自己能不能做好。

领导力箴言
LEADERS
STRATEGIES FOR TAKING CHARGE

优秀的领导者就好像神射手一样，他们的心中并没有那种希望命中目标的想法，而是人、箭以及目标都成了同一个过程中的不可见的组成部分。

相较于一个人对自己能力的判断，沃伦达因素更多的是关乎对事件结果的判断。在组织中，对于能够成功的预期（比如大笔的资本投资或者重要的并购），经常与一个人对于自己能力的判断没有关系。简单地说，“自重”讲的是对于自己能力的判断，而沃伦达因素讲的是外在的结果。如果外在结果是固定的，比如只要达到最低限的生产量就能得到固定的收入，而更高的绩效也得不到更多的金钱回报，那么预期的结果经常是可以部分地与“自重”的判断相背离的。“自重”和沃伦达因素的关系见图 2-1。

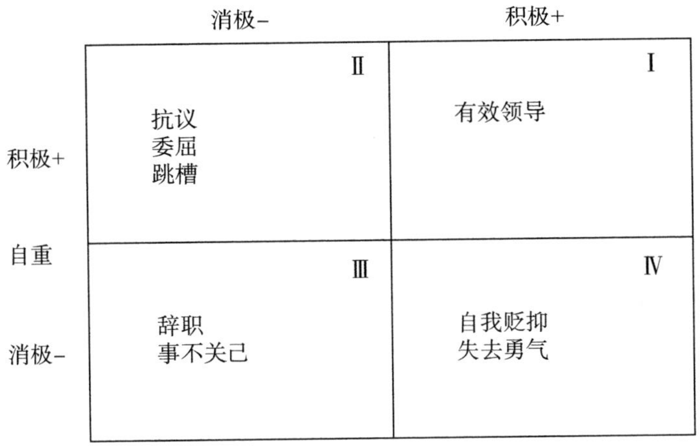

图 2-1　沃伦达因素（结果判断）

要想实现成功的领导，就必须要把积极的“自重”和理想结果必将达到的乐观精神结合起来。很明显，这些成功的领导者就是这样的。这 90 位领导者身上还有一件东西时时让我们感到诧异，那就是他们把工作和娱乐巧妙地结合起来。就像罗伯特·弗罗斯特（Robert Frost）的诗中所写的：“热爱与需要合而为一。”我们由此得出结论：**优秀的领导者就好像神射手一样，他们的心中并没有那种希望命中目标的想法，而是人、箭以及目标都成了同一个过程中的不可见的组成部分。**这种状态对领导者是很有好处的。而当这种影响发挥了作用，把更多的人吸引到钢丝绳上来，并授予他们相应的权力时，就会对组织和社会产生很大的好处。

授权的四个维度

> 欲先民，必以身后之。
>
> ——老子

现在我们来看一个经常有人要问的问题：这样的领导方式到底有什么用呢？我们之前曾经间接地谈到过这个问题。领导者既需要创造又需要维持，或者说他们通过授权与他人来实现愿景，并维持下去。这并不意味着领导者必须把权力拱手交给别人，或者追随者必须不断地挑战权威，而是说权力必须变成一种交换单位，一种富于创造性、生产性、沟通性的货币。**有效的领导本质上都是依靠简单的权力互惠以及授权来获取成果的。**在实践中这是一种双向的关系，掌权者让被授权者可以施展能力，被授权者又让掌权者可以得偿所愿。这就像是指挥与乐师或者领导者与追随者之间的关系，双方相互推动、各取所需，从而形成越来越和谐的和声。这种互惠会形成其自己的节奏、速度与惯性。

领导力智慧

LEADERS STRATEGIES FOR TAKING CHARGE

> 在领导工作中，最根本的一条就是领导者应该对其他人起到拉动作用，而不是推动。拉动的影响方式是用令人兴奋的未来愿景吸引人、激励人，它是通过认同感起作用，而不是通过奖惩。我们的这些领导者不仅能够清晰阐明愿景，而且更能够亲身体现出组织所追寻的理想。使自己和别人都投身于愿景之中，相信他们的理想是可以实现且值得为之奋斗的。

领导是一种职责，而这种职责履行得好坏，就体现在追随者的态度上。我们发现，**被领导者的态度可以分成四个维度，称之为授权维度。**

在开始讨论授权维度之前，不妨先了解一下我们是如何通过一个不寻常的途径得出这一理念的。在我们最后一次采访哈罗德·威廉姆斯的时候，他刚从证券交易委员会主席的位子上退下来不久。坐在洛杉矶一座摩天大楼高处的办公室里，回忆起当初在华盛顿的经历，他充满自豪地拿出了一本自己的演讲集——那是他离开证券交易委员会时员工送给他的礼物，硬皮封面装订得很精美。扉页上的赠言非常能说明问题：

> 难忘好时光。——拉尔夫
>
> 与你共事是我职业生涯中最棒的经历之一。你虽然离开了委员会，但友谊地久天长。——埃米
>
> 你独具慧眼，特别能够识人、理解人，而且在这个过程中你给了我们的职业生涯以意义，让它更重要。——马克
>
> 这是一段让我获益匪浅的成长经历，有时一帆风顺，但更多的是艰难险阻。你教会我们深思熟虑，让我们知道了时代感的重要性以及如何培育它，如何传递它。这真是很有趣！谢谢！——乔治
>
> 对于我来说，与你一起工作就好像是在一位优秀的研究生导师身边接受悉心指导，我希望你也同样能够从中得到快乐，并有所启示。——丹

如果我们细细品味威廉姆斯的下属们在纪念册扉页上的赠言，就能对授权加以更深层次的理解。例如对于马克来说，让工作变得“重要”显然是摆在第一位的。和我们所接触过的其他所有员工一样，他也感觉

自己对组织、对整个世界都有所贡献。我们发现，优秀的领导者似乎能够产生一种让员工自觉处于社会秩序的活跃中心的愿景。这种“中心”的概念并不是几何意义上的，跟市面上那些胡编的管理学流行理论关系也不大。

授权的第一个维度是让组织（及其员工队伍）把全部力量集中到重要的行动上来。这些重要的行动包括了在一些最高理想与组织的能力能够恰相吻合的基础上、使人们能够在生活的重大方面有所作为，也就是参与这种“将意图转变为现实”的重大事件。这不是通常的诉求或者疯狂创造，而是接近事件的核心位置。这也许是公司 CEO 对于“将薯片卖到某个偏远小山村的小杂货商那里”的参与，也许是阿姆斯特朗对于登月计划那样的参与。

授权的第二个维度是能力，也就是要能够在工作中有所提高、有所成长。就像前面证券交易委员会的丹说的，工作“就好像是在一位优秀的研究生导师身边接受悉心指导”。很多人都说过这样的话。这种日益增强的对知识的掌握和眼界的拓宽起到了提升绩效和协调努力、共同追求组织目标的作用。

领导力箴言
LEADERS
STRATEGIES FOR TAKING CHARGE

优秀的领导者就好像神射手一样，他们的心中并没有那种希望命中目标的想法，而是人、箭以及目标都成了同一个过程中的不可见的组成部分。

授权的第三个维度是亲近感，员工间产生了一种家人般的亲近感，就好像邻里街坊一样。他们觉得大家都是为了一个共同的目的而走到了一起。尽管这一点并没有在威廉姆斯的纪念册中很鲜明地体现出来，但它是确实存在的，就存在于员工对组织的看法之中。并不是说大家要怎样的亲密无间，而是说彼此依靠，向着心目中共有的一个理想前进。照英特尔一位管理者的话来说，这个因素“会在以精密协调的复杂合作很好地完成任务的时候倏然展现”。

授权的第四个维度是快乐。在给威廉姆斯的致词中，几乎每一条都体现了这一要素。我们访谈过的那些组织员工也异口同声地认同这一点。那种认为领导者必须时时以惩罚相威胁，或者胡萝卜加大棒就算是领导的论调可以休矣。过去的动机理论注重的是，我们先天具备的和后天习得的为求满足基本需求而做出的反应。他们认为，一个人只有通过一定数量的体验和目标才能获得快乐，因此生活的基调必然是痛苦，因为稀缺的快乐资源会导致竞争，绝大多数人都只能偶尔得到一点满足。所有把“快乐”仅仅看作是“需求得到满足”的行为理论，无论是经济学家还是行为学家所提出的，都得出同一个结论:需求永远不能得到完全满足。继而得出一系列令人沮丧的悲观主义结论。

领导力箴言
LEADERS
STRATEGIES FOR TAKING CHARGE

有效的领导本质上都是依靠简单的权力互惠以及授权来获取成果的。

通过授权，员工会完全沉浸于工作的竞技中，甚至在很长一段时间里会忘记一己私欲。现实中有很多工作都是如此，并不是非要给予员工所谓必需的补偿才能达到效果。我们认为，**几乎任何一个目标或体验都可以是令人快乐的，或者至少是有可能让人乐在其中的，而这种乐趣并不一定要以占有资源为基础。**所以说，授权所改善的不仅仅是人们在工作期间的生活，而是全部的生活。

领导力智慧

LEADERS STRATEGIES FOR TAKING CHARGE

授权的四大维度

1. 授权，让组织（及其员工队伍）把全部力量集中到重要的行动上来。
2. 能力，也就是要能够在工作中有所提高、有所成长。
3. 亲近感，员工间产生了一种家人般的亲近感，就好像邻里街坊一样。
4. 快乐。

策略实施

> 伟人啊，你为了每一次没能实施的尝试而耿耿于怀。
>
> ——韦恩·格雷茨基，哲学家

接下来的四章分别介绍前面的四大策略主题，这当中就蕴含着我们的变革领导力的概念。从这里开始，我们的重点将从考察领导者的个人品格转变为领导者在组织中的作用。更精确地说，我们的焦点将从领导者的有效性转移到组织的有效性上来。因此，接下来的四个章节也会侧重于应用我们的理论，或者说领导者如何对组织进行授权。

比如说，接下来的一章将主要关注一个组织是如何产生一个恰当而有力的未来愿景的。而关于策略二的章节将展示对于意义的管理如何转变为必需的社会结构，从而让组织能够真正实现其愿景。接下来的一章，研究的是如何给组织在这个世界上定一个正确的位置，以及领导者如何在一个复杂、模糊、充满不确定性的环境中设计并控制其与主要被领导者群体之间的关系。关于策略四的章节主要讲的是组织学习的问题，组织如何交叉进行对“自我”的管理。

请注意，接下来的四章，每一章都在一定程度上与本章有一定关联，并且建立在本章的基础之上。比如愿景就将是关于策略一的章节中的探究焦点。而在关于策略二的章节中，我们将会研究意义的管理。意义的管理是社会结构的来源，而社会结构让组织能够把其愿景变成现实。

当然，领导者的有效性和组织的有效性并不总是能够完美匹配的，这种情况还并不罕见，应该加以长期的关注。

领导力箴言 LEADERS STRATEGIES FOR TAKING CHARGE

对于一个组织来说，对它最有利的莫过于一个了解其需要、能够沟通、给它一个正确的定位、向其员工队伍进行授权的领导层。

读者在阅读本书其他部分的时候一定要记住，**对于一个组织来说，对它最有利的莫过于一个了解其需要、能够沟通、给它一个正确的定位、向其员工队伍进行授权的领导层**。这些原则听起来似乎很简单，但实施却需要一定的技巧。这就是接下来的章节所要讨论的了。

"

WARREN BENNIS

STRATEGIES FOR TAKING CHARGE

愿景是一个具有召唤力的目标。
领导者的愿景或意图特别有说服力，
能把其他人吸引过来。
他们以非常大的力度做着自己的事情，
这种力度加投入，
就能产生巨大的磁力，
就好像一个在沙坑里专心致志修建着城堡的小孩子，
必然会引来其他人的加入。

"

LEADERS

STRATEGIES FOR TAKING CHARGE

03

策略一：通过愿景唤起专注

杜兰特先生和福特先生都有着非同寻常的愿景、勇气、胆略、想象力以及先见之明。在那个时代，一年的汽车产量尚不及现在几天，但他们却赌上自己的一切，坚信汽车必有灿烂的明天……他们两个人都创建了历史悠久的汽车大厂。

——艾尔弗雷德·斯隆

A vision is a target that beckons.

愿景是一个具有召唤力的目标。

1928年，当27岁的威廉·佩利（William Paley）接手哥伦比亚广播公司时，这个广播网还没有自己的电台，仍处于亏损之中，默默无闻地仰视着行业里的绝对老大——全国广播公司。但不到10功夫，哥伦比亚广播公司已拥有了114个台站，盈利2 770万美元。40多年以后，佩利依然执掌大权，哥伦比亚广播公司已经成了广播业的霸主。戴维·哈伯斯塔姆（David Halberstam）这样形容佩利：

> 早期的岁月是最关键的。从一开始他就有一种愿景，这是一种对于未来将会怎样的感觉。当时公司已经濒临破产，可他坐在纽约那间小小的办公室里，眼中看到的却不是自己的办公桌，也不是麦迪逊大道上成群结队的潜在广告客户，而是千万个身处美国内地偏远地区的人们。他们形单影只，很多人家中甚至连电线都没接上，除了听听广播之外，几乎没有什么娱乐活动可言。他坚信，自己能够把他们吸引过来并满足他们的需要。这就是他的过人之处。他可以在实际上根本没有听众的时候看到自己的听众。他不仅有愿景，而且还知道如何实现愿景。他看出了听众群越大，广播网的收益也就会越大，因为那意味着

会有更多的广告客户。听众多了，他就可以卖出更多的播出时间。为了达到这个目标，他必须要提供一些东西，甚至是免费派送，把他的节目送给关联电台。

我们接触过的很多领导者告诉我们，他们在刚刚接手自己的组织的时候也做过同样的事情：拿出精力来研究形势，判断手头上有什么东西对组织的未来会起关键作用，设定新的方向，把组织中所有人的专注力都集中到这上面来。我们很快发现，这是领导工作中的一个普遍原则，无论是乐团指挥、军队将领、球队教练、学校主管还是企业领导，都要遵循这个原则。这似乎很容易，但难点在于：领导者如何才能知道，什么对于自己组织的未来才是最重要的，又该如何选择新的方向呢？这都是我们必须要深入研究的。但首先，我们需要讨论一下，为什么我们认为这些原则能够起作用，以及为什么它对有效的领导力来说是必不可少的。

愿景与组织

> 我有一个梦。
>
> ——马丁·路德·金

在选择方向之前，领导者必须首先在心里勾画出一个可能实现的、理想中的组织画面。这个画面，我们就称之为愿景。它可以像梦境一样模糊，也可以像一个组织目标或使命一样清晰。最重要的是，它所描绘出的组织未来形象必须具有可行性、可信性，能够吸引人，必须在某些重要方面优于当前。

愿景是一个具有召唤力的目标。当约翰·肯尼迪定下在1970年以前将人送上月球的目标时，当比尔·盖茨放言要让每一户人家都拥有一台电脑时，他们都是在专注于一个值得为之追求而且能够实现的业绩上。请注意，愿景描绘的是未来，前无古人，今亦未见。有了它，领导者就可以架构起从现在通往美好未来的坚实桥梁。

要理解愿景为何如此重要，我们只需想一想，为什么人类要结成组织。组织就是为同一个事业而奋斗的一群人。投身于这样一个事业，人们是期待回报的，可以是经济回报，也可能是社会心理上的回报，包括地位、自豪、成就、充实等。同样的，组织也需要通过明确在社会中的定位获得回报，这也可以是经济上的，包括利润、成长、资源，或是社会心理上的，如声望、合法、权利和认可等。

所以，一方面，组织要将自己因为在社会中的正确定位而得来的回报最大化；另一方面，组织中的个人也要将自己因为参与组织而获得的回报最大化。当一个组织具有清晰的目的感、方向感和一个理想中的未来状态并且得到了广泛认同的时候，个人就能够同时在组织和社会中找到自己所扮演的角色，明确自己的权利义务和定位，继而将自己视作一项有意义的事业的一份子了。他们会感觉到自己存在的意义，从盲目服从指示的机器人便变成一个从事着创造性的、有意义的工作的真正的人。**当个人感到他们举足轻重，可以通过自己对组织的参与而让社会有所改善的时候，他们在工作中就可能更富于热情和活力，他们的工作成果也会起到彼此加强的作用。**在这样的情况下，组织成员的能量被引导到了同一个方向上，为成功打好基础。

咨询顾问们经常说，他们从一进门就可以感觉到一个公司里的这种能量。在埃德温·兰德引领宝丽来公司走向摄影新时代的时候，霍华德·舒尔茨把西雅图几家咖啡馆变成全美特色咖啡行业领袖的时候，他们的公司里都有这种能量存在。这种能量有热情、投入、自豪、付出等很多形式。某些大型联合企业几乎每个月都要宣布一桩新的并购，同时又不停地进入或退出不同的行业，甚至根本不知道自己要走向何方，这样的企业中明显就没有这样的力量。

共同的未来愿景同时也是组织有效性的一个标尺。它可以帮助个人辨识出哪些事物是有利于组织的，哪些是不利于组织的，又有哪些事情是值得做的。最重要的是这样一来决策工作就会广泛地分散开来。对于一些困惑，人们可以不经请示上级而直接决策，因为他们知道组织需要怎样的最终结果。因此共同的未来愿景就可以塑造、指导并协调人们的行为。惠普公司前任当家人约翰·杨（John Young）曾经说过："成功的公司自上而下都对一系列总体目标持有共识。如果没有共识，再优秀的管理策略也会失败。"

这也是领导者和管理者之间最明显的区别之一。领导者把人们的专注力集中在愿景上，从而把组织的情绪与精神资源、价值观、工作热情以及雄心壮志利用起来。而管理者所利用的是组织的物力资源，包括资本、人的技能、原材料以及技术。任何一个合格的管理者都能让组织中的成员可以勉强度日，优秀的管理者则可以保证工作高效而及时完成，满足了进度计划，而且质量水准也很高。但是要帮助组织中的人们从工作中得到自尊和满足感，那就非得有一位有效的领导者不可了。优秀的领导者经常能够让追随者看到他们的工作意义，从而激励员工拿出高水平的成绩。这是一种针对人类最基本的需要的诉求：**让自己有价值、有意义、有作为，投身于成功而有价值的事业的需要。**

> **领导力箴言** LEADERS STRATEGIES FOR TAKING CHARGE
> 优秀的领导者经常能够让追随者看到他们的工作意义，从而激励员工拿出高水平的成绩。

既然愿景有许多的好处，你可能认为组织会认真勾勒出一个关于理想未来的清晰画面，但事实并非如此。很多组织的愿景都很模糊并且缺乏连贯性。其中原因有很多：

- 在过去的几十年里，家庭的作用、生活的质量、职业道德、企业的社会责任、少数族裔的权利，以及其他很多已经有了悠久历史的价值观和机制都有了重要的重新解读。
- 电信技术和快速的交通促使世界在产品、观念、工作以及资源方面更加的相互依赖。
- 创新步伐的加快导致专家的职业化，技术工作者之间的协调成了大问题。
- 一般大众乐于尝试新的社会形式和规范，导致生活方式分化，社会分裂，形成对于产品不同的偏好。
- 工人寻求在决策中的更大话语权，并且得偿所愿，过去则完全由管理层说了算。

这些因素以及很多其他因素使我们今天的社会高度复杂化且日益纷繁。这就产生了巨大的不确定性，并让很多组织中产生了过多的彼此冲突的愿景。组织的规模越大，愿景的数量可能也就越大，它们之间的相互关系也就越复杂，而且随着时间发生变化的速度也会越来越快。

所有这些加在一起，往往令组织晕头转向、目光短浅。与此同时，他们所制定的愿景往往更多地强调组织的职能方面，因为没有形成一个完整统一的对未来的看法，所以这些力量会各奔东西形不成合力。这也就是为什么乔治·费希尔（George Fisher）一定要在离开全球芯片制造、电子通信公司摩托罗拉（Motorola），加入百年老店伊士曼柯达（Eastman-kodak）之后，才能大放异彩，给这个巨头注入新的焦点和目的感。多年来，伊士曼柯达的强势传统市场：相机、胶卷以及洗印设备一直在遭到竞争对手的鲸吞蚕食，同时又未能在普通纸复印机之类的新兴市场上占有一席之地，因而对于未来该去往何方意见极不统一，几乎已经到了寸步难行的地步。他们需要一个全新的愿景来给公司重新确定一个方向，指引公司迎接数码影像这一 21 世纪的新技术，并采取其他的配套行动：出售非影像业务部门，开发数码相机，与微软、IBM 等高技术企业结成策略联盟等。那么，领导者的愿景又是从哪儿来的呢？

给予关注：领导者如何找寻愿景

> 我们要寻求简单性，然后要对它投以不信任的目光。
>
> ——阿尔弗雷德·诺斯·怀特海德

历史学家笔下的领导者们往往都是未卜先知的天才，不知怎么就创造出了自己的愿景，似乎冥冥之中自有天意。或许他们当中有些人确实如此，但如果深入研究一下就会发现，愿景通常并不来自于领导者本人，而是由其他人提出的。比如哈罗德·威廉姆斯就告诉我们，当他刚到加州大学洛杉矶分校接任管理学研究生院院长职位的时候，“其实是学院的教员们提出了这个学院应该是什么样子的。这愿景是他们的。”其他领导者的愿景也各有其出处。约翰·肯尼迪用了很多时间来研读史籍，揣摩伟大思想家的想法；马丁·路德·金的很多想法源自于他对宗教、伦理，以及本民族和其他民族的传统的研究；列宁深受卡尔·马克思的学识的影响；当代很多企业领导人也同样受到了著名经济学家和管理学家著作的启发；艾尔弗雷德·斯隆对于通用汽车的未来的愿景是在“美国梦”思潮的熏陶下诞生的；微软的比尔·盖茨和英特尔的安迪·格鲁夫通过逻辑思考得出的愿景也大半来自对现有技术的极限的探索。

在所有这些例子中，绝大多数领导者所扮演的角色都是从当时众多的画面中选择一个进行阐释，使其成型、法定化，并且把专注力集中在这个画面上，而很少有亲自构想出理想愿景的情况。因此，**领导者必须极为擅长倾听，特别是倾听那些为新生事物提出全新见解的人们**。很多领导者都同时建立起了正式与非正式的沟通渠道，以获得这些想法。大多数领导者还拿出了很大一部分时间来与组织内外的顾问、咨询专家、其他领导者、学者、规划人员以及其他形形色色的人们进行联络。我们发现，成功的领导者都特别喜欢发问，而且都是很认真的。

领导力箴言
LEADERS
STRATEGIES FOR TAKING CHARGE

领导者必须极为擅长倾听，特别是倾听那些为新生事物提出全新见解的人们。

这里有一个典型的例子。假设你被任命为加利福尼亚一家地区性银行的负责人。你曾经在另外一个州的一家小银行中表现突出，因此这家银行的董事会看中了你的领导才能。你打算怎样给这个新环境注入一个方向感呢？你要以何种方式把专注力放在哪些人的身上以帮助自己形成一个适当的未来愿景？一般而言，你可以从这样三个方面获得启示：过去、现在、和关于未来可能性的多种画面。下面我们来一一研究它们。

过去

很明显，你可以回想自己过去在其他银行中的经验，从中寻找相似的情况以及或许可以借鉴的先例。接下来，你可以和其他银行的领导者们聊聊，看看他们有什么不同的高招。当然，你肯定还想要研究一下这家新银行的历史，看看它是如何变成现在的样子的，它的哪些特点导致了过去的成功与失败。你可以从组织上上下下的新同事那里了解到这些。

与此同时，你会在心里形成一个模型，知道在这个银行以及与之相似的银行里曾经有过哪些成功以及不成功的做法。你会看到一些长期的趋势，从而得到对于未来的初步印象：如果银行继续按照过去的路子走下去会变成什么样。你可以搜集到一些关于银行业绩与外界指标之间的联系，比如国家经济、利息率或者当地社区的发展势头等。当然，你还要关注所有能够弄到手的历史数据，以便进一步了解这家银行在过去都尝试过什么，是否成功以及原因何在。

现在

其实，只要看看自己身边正在发生着什么，就可以了解到很多关于未来的事情了。比方说，2020 年的世界是什么样子的并不很难猜测，因为那时候的大部分建筑、道路、城市、人口、企业和政府机构现在已经出现了。根据现在就可大致猜测出未来，因为未来的人力资源、组织资源以及物质资源都来自于现在。通过研究这些资源，就可以知道它们在使用中的限制与潜力，以及它们生长、衰减、相互作用以及自行消亡的情况。作为一名银行从业者，你要投入大量精力关注你手下当前的管理者以及他们的发展潜力，你当前的客户构成和扩展服务内容的可能性、分支机构的位置，当前的贷款范围比例，以及竞争对手的一举一动。

你身边就有很多标志着改变即将到来的早期预警信号。比如说，你的市场研究人员应该能够尽早辨识出正在成长中的市场；政坛和商界领袖的计划经常被广泛报道；公众意见调查记录了价值观和需求的改变；而你们金融服务领域的专门调查结果也经常可以在行业杂志中看到。实际上，在美国，趋势监测预警是一个很大的行业，而且还在成长中。

最后，你还可以在自己的银行里做点小实验。比方说，你正在考虑大幅转变银行的关注焦点，打算大力向中小企业、专业人士或特定行业提供贷款。那么你可以指示一个分行或者部门向指定领域全力冲刺一段时间，就好像化学品公司在大举动作之前先搞一个实验工厂。这样就相当于是建立了一个检验你的新愿景的实验室。

未来

你对于银行的愿景必然是面向未来的，所以你必须要研究那个时候的总体形势。虽然没有人能够准确预测未来如何，但总还是有迹可寻的。前面我们提到的一些信息来源，比如长期趋势，特别是人口构成和资源使用方面的趋势；国际、国家、地方以及企业层级的规划文件；各种组织中的政策制定者的意图和愿景；公众意见调查；将在未来大行其道的现象的前奏。但信息来源还远不止这些。

对于未来还有一些结构性的线索。比如说，你可能得出结论，认为除非政府加强管制，否则还将有更多强有力的竞争对手进入银行业，行业洗牌在所难免。那么你就可以关注这些潜在竞争对手的结构变革以及举措，包括嘉信理财、美国运通等其他银行，并且勾勒出一旦这些改变成为事实，市场会变成怎样。接下来，你就可以研究这些情况对特定的客户群、总体经济形势、投资者、银行界以及具体你所在的这家银行会造成怎样的影响。

除了结构性的线索之外，你还可以获取很多不同类型的预测以供研究：经济展望、人口统计学分析、行业预测等。你还可以探索一些或许会对未来造成影响的思想观点：哲学书籍、科幻小说、政党论坛，以及知名社会学家、政治科学家和未来学家的著作。从研发实验室中，专业会议的技术论文上，政府报告里，都可以听到未来技术发展的先声。

所以说，你并不是没有关于未来的信息，而是要当心不要被这些信息淹没掉，尽管其中只有很少一部分能够作为你制定愿景时的标杆和路标。真正考验领导者功力的是如何解读这些信息。历史学家要收集大量的史料，然后试图从中辨识出是哪些因素在起作用，领导者也同样需要筛选、组织、整理和解读关于未来的信息，以构建起一个可行可信的愿景。但是比起历史学家来，领导者有一个优势，那就是未来在很大程度上是可以创造或者设计的。**领导者可以通过自己所构筑的适当愿景来塑造未来。**

构筑愿景：领导者对方向的选择

> 输赢就在几英寸之间。
>
> ——文斯·隆巴尔迪（Vince Lombardi），美国著名橄榄球教练

我们所采访过的领导者似乎都很善于选择、构筑和阐述正确的未来愿景。后来我们知道，这是不同时代的领导者所共同具有的一种能力。看看当代的拿破仑传记作者路易斯·马德琳（Louis Madelin）是如何形容拿破仑的：

> 他会同时掂量三四种可能的方法，并努力设想出各种可能的结局，尤其是最糟的结局。这样深思熟虑后得出的预见，通常能够让他为任何可能的挫折做好准备。他总是算无遗策。我说过，他的愿景兼具深度和广度。或许他的思维中最了不起的特点就是理想主义和现实主义的结合，这使得他能够同时面对最远大的愿景和最琐屑的现实。此外他还非常富于想象力。

有时候愿景需要是多维度的，于是为组织构筑合适的愿景就更加复杂了。

第一，领导者需要有预见性，这样才能判断出愿景与组织所处的环境能否很好地匹配；同时又需要懂得回顾历史，这样愿景才不会与组织的传统和文化发生冲突。

第二，他们还需要有全局性的眼光，以解读可能的发展与趋势的影响。他们的眼光要有深度，看待全局的时候能有适当的细节和正确的角度。

同时又要能够眼观六路，把握住竞争对手和其他关系人对于组织的新方向的反应。他们还需要能够随着环境的改变而不断审视过去构建的种种愿景。

第三，决策时还必须学会多维度地考虑。比如考虑适当的时间范围以及画面本身的简单程度（或者说复杂程度）；在多大程度上是过去的延续，多大程度上是彻底的转变;有几分乐观主义色彩，几分悲观主义意味；现实性和可信性如何，以及可能对组织产生怎样的冲击。

如果说，领导工作中有什么地方需要天才的火花灵光一闪，那必然就是在升华的过程之中了。这是一个把各色各样的画面、信号、预测和方案拼合成一个简单明了、引人入胜、鼓舞人心、清晰明确的未来愿景的神奇过程。

我们还是回到银行的这个例子上来，看看其中都牵涉到了些什么。

前面我们已经讲过，你作为一个新上任的领导者可以怎样搜集各种信息作为构建未来愿景的素材。如果要让愿景对组织内的人们具有可信性，就不能不有所限制，因此，你需要设定一些界限。**愿景不应局限在常规规划活动的时间和空间框架之内，但也不能过于好高骛远，超出组织内的任职者的理解范围**。或许你需要确定的是一个 10 目标，既能为真正彻底的变革留出足够的时间，又能让大多数员工理解，并在他们的职业生涯中实现。

此外，你可能还会跳出现有业务的限制，提供一些新领域的服务，如个人财务规划或者国际银行业务，或者牢牢盯住一个或者几个特定的目标市场，比如高科技产业，为它们提供广泛的服务。

界限的选择还在很大程度上取决于价值观。你自己的价值观决定了你会把哪些可能的方案纳入认真考虑的范畴，以及如何对它们进行评估。比如哈罗德·威廉姆斯虽然现在是保罗·格蒂博物馆（J. Paul Getty Museum）和基金会的负责人，但他的价值观却是在产业界、学术界和公共服务领域工作的过程中形成的。难怪在他的领导下，格蒂基金会变得趋于保守和学术化，并且坚称不会容许将格蒂基金会的大笔财产用于在拍卖会上购买艺术品，这些艺术品的价格抬得太高，会让其他博物馆无力购买新作或者为公众提供服务。

银行中其他人的价值观也构成了一条界线。他们的价值观体现为银行中主流的意识形态，决定了这里能够发生多大程度的改变。比如大家的价值观可能认为，不管银行的新未来愿景如何，都必须要注重质量和服务水平，而不是服务的收费水平或者服务项目的数量。

获取了信息，心中明确了一些界限，然后你就可以勾勒各种可能的方案并且权衡其优劣了。在做这项工作的时候，你最有力的工具就是心中一直以来形成的、关于现实世界以及你的银行在这个世界上如何运作的认知模型。作为一个聪明的领导者，你会和关键岗位上的管理者、顾问以及其他对银行的未来有过深入思考的人们进行讨论，反复检验这个模型是否正确。如果你能够找到人帮你进行计算机建模而且价格合理的话，也可以做一个更加正式、量化的计算机模型。

这种分析在很大程度上是仁者见仁、智者见智的，但有些问题是一定要解决的，包括：

◆ 都有哪些机构与银行的未来有利益关系，它们希望出现怎样的情况？

◆ 有哪些指标能够说明银行的绩效水平？如何测量？

◆ 如果银行继续沿着当前的道路走下去而不做大的改变，结果会如何？

◆ 如果银行外部的环境将要发生大的改变，你可以得到哪些早期预警信号？

◆ 你可以采取何种方式来改变当前的进程？这样做的后果将会怎样？

◆ 你的银行具有或者可以获得哪些资源供各种可能的未来条件下使用？

◆ 在银行及其所处环境的各种可能的未来情况中，哪一个最有利于银行的生存和成功？

通过一系列诸如此类的问题，你就可以发现一定的模式，并进一步找到多种具有可行性的备选愿景。接下来，你必须把所有这些信息融合成一个单一的愿景，此时就要考验领导者的功力了。一个愿景的构建需要良好的决断力，有时候还需要很强的直觉和创造力。

领导力箴言
LEADERS
STRATEGIES FOR TAKING CHARGE

一个愿景的构建需要良好的决断力，有时候还需要很强的直觉和创造力。

曾经有一位作者在书中展示了领导者可以与少数几名同事一起闭门思考，在几天的时间里制定出一个新的愿景。让其他人参与愿景的制定过程可以在参加者之间分享价值观和梦境，带来更广阔的视野和专业知识，不仅有利于寻找新的方向，而且还可以让最后形成的愿景更容易获取支持。这是一种集体思考的过程。

领导力智慧

LEADERS STRATEGIES FOR TAKING CHARGE

从 4 个阶段对新愿景展开系统的探索

1. 愿景审查。研究组织的特性，包括其当前的使命、策略和价值观。
2. 范围框定。就新愿景应具有哪些特点作出决策。
3. 承继探讨。探索对于新愿景的形成具有影响作用的趋势和发展过程。
4. 愿景选择。列出各种备选的愿景并进行评估，最终选出一个最理想的愿景。

还是以银行为例吧。你已经确定了银行的未来，综合考虑多种因素，认为还是集中全部精力为高科技企业提供全方位金融服务最好，特别是为那些新兴行业服务。那么接下来要考虑的就是如何将愿景转化为行动了。

集中注意力：领导者如何让愿景得到支持

> 领导力的精髓在于建立和提升工人的自尊。
>
> ——埃尔文·费德曼，
> 单片存储器公司前总裁

领导者或许已经为组织确定了新的未来愿景，他或许是一个构建并阐述愿景的天才，但还是要将愿景成功地传达给组织并将其制度化，成为一条指导思想，这才能算是大功告成。茶壶里煮饺子是不行的。领导者必须传达这样一条基本理念：“**我们已经看到了这个组织可以变成什么样子，我们也知道这个愿景将带来怎样的后果，现在我们必须要行动起来，**

将它变成现实。”

在组织中确立愿景靠的不是通知、权势或者强制。更多的是一种说服工作，要产生一种对于这个愿景的狂热和支持，因此时机要找准，方式要适合于这个组织以及组织中的人们。

通过与领导者的讨论，我们发现，**传达愿景的最佳方式是比喻或者模型**。比如有政治领导人许诺的要让“每一口锅里都炖着一只鸡”，或者电话公司说的“天涯相思,触手可及”。在你的银行里,或许你可以这样说:“创新银行，专注创新企业”，或者“金融服务，领先一步”。

在沟通中，信息失真在所难免，但是优秀的领导者似乎总能找出一个最合适的比喻来让愿景清晰化，将失真降到最小。实际上最佳的比喻往往超出了口头沟通的范畴，比如用一首诗歌或者歌曲来表达，而不必拘泥于文字。重要的是“找准感觉”，能够唤起共鸣，勾起听众心中的情感需求，让人有“恍然大悟”的感觉。

另一种领导者用来传达愿景的方式就是身体力行。马丁 · 路德 · 金就是这样一个民权运动的化身和宣传者。特纳广播公司的特德 · 特纳（Ted Turner）也通过在美洲杯比赛中的亲自冒险表现了他希望公司所具有的创新精神和勇于承担风险的精神。惠普公司总裁兼 CEO 路易斯 · 普拉特（Lewis Platt）传达愿景的方式要低调得多，他把 30% 的时间用于和客户在一起，30% 的时间走访惠普遍及 110 个国家的办公室，并且，“每周花费数十个小时的时间来回答语音邮件和电子邮件。”

对未来愿景的传达不是一劳永逸的，否则它就会逐渐消退。愿景必须反复强调，融入到组织的文化中去，得到组织策略和决策流程的支持。

领导者还必须留意环境的改变，随时评估有无必要对愿景做出改变。

最后，领导者可能还要阐释愿景，赋予其法定性，用雄辩有力的表达点燃追随者的想象和情感，继而授权他人采取必要的行动。但这个画面必须源于整个组织的需要，得到所有关键人物发自内心的支持和接受，只有这样，组织才能取得成功。简单地说，它必须成为组织的新社会结构的一部分。这也是接下来我们所要关注的话题。

“

WARREN BENNIS

STRATEGIES FOR TAKING CHARGE

世上从不缺少迷人的愿景和美好的理想，
但若没有沟通就很难成功实现，
它需要将诱人的前景绘声绘色地描绘出来，
用这种画面来引发他人的热情和投入。
只有通过沟通，
一个群体才能够同心协力为了组织的总体目标而奋斗。

”

LEADERS

STRATEGIES FOR TAKING CHARGE

04

策略二：通过沟通赋予意义

有话你就说。有什么事情你不理解，说！你要是有不同意见，说！然后咱们大家一起来想办法。

——吉姆·杰克逊

Effective communication is essential to rallying supporters.

有效沟通是召集支持者所必需的。

除了能够构筑愿景之外，领导者更必须是一个能够了解组织并能改变其工作方式的社会建筑师。任何组织的社会结构都是一个隐藏变量，它可以将组织中杂乱的声音梳理有序，也可以决定人们的言谈举止、轻重缓急。社会结构虽然看不见摸不着，却决定着人们的行为以及被微妙地传递给个人和群体的价值观与行为规范，并形成了公司内部的凝聚力。[①]

在第2章中，我们提出过这样的问题：如何传递愿景、如何使人们为了组织的最高目标而协力工作？我们给出的答案是用赋予意义的方法实现这些目标。然而这只是一部分答案，因为这还不足以具体说明领导

① 后文将会详细阐述“社会结构”的含义。此处我们可以暂且理解为所谓的“文化”，或者更简单地说，是任何组织中影响我们行为的条文和价值观。我们更偏好于用“社会结构”这个词，除了因为它比较好听外，更重要的是出于以下几点考虑：首先它传达的意义远比“文化”这样模糊的字眼来得深远，在描述组织的时候自然也就比“组织文化”要更贴切；最重要的在于，“社会结构”意味着可变、灵活，领导者可以驾驭，“文化”则变得生硬和难以改变了。字斟句酌是有必要的，虽然我们也想过在行文中交替使用“文化”和“社会结构”，但反复思量后还是觉得后者的意义更加丰富一些。此外据我们所知，“社会结构”这一短语是由珀尔马特（H. V. Perlmutter）先生最先提出来的。

者是如何使参与者理解、参与愿景，并且以主人翁的精神看待愿景的。在本章里，我们将讨论使员工认同并且追寻愿景的机制——社会结构，它可以助人成就完美，也可以致其一败涂地。

社会结构这个概念虽然还有一些地方有待澄清，但它是可以定义、评估的，而且在一定程度上是可以塑造和管理的。**社会结构的设计和管理也是领导者四大核心任务之一。**

我们先简短介绍一下这个概念，并说明一下我们为什么这样看重它。我们相信，人类把不同的事物赋予了不同的重要性，并将它编织成网来维系自己。社会结构就是指这些意义之网。换句话说，**社会结构为其成员和利益相关者提供了生活背景（意义）和为之全情投入的对象。**

首先，它是一种对于组织中的事件的共同解读。这也是最重要的一点，这样组织成员就能知道自己应当作出怎样的举动才能符合预期。

其次，它塑造了对于组织的基本价值观和哲学（也就是员工所坚信并感觉自己在为之奋斗的那个愿景）。

最后，组织的社会结构还是一种控制机制，能够许可或禁止某些特定类型的行为。

如果想要知道社会结构究竟有何重要意义，只要看一个例子就明白了。在这个案例中，一种曾经是企业力量源泉的社会结构变成了妨碍未来发展的主要障碍。聪明的你可能已经猜出来了，我们说的是美国电话电报公司（AT&T）。

这个故事尽人皆知，但还是有人不断重蹈覆辙。1978 年，美国电话电报公司宣布要改变策略，从一个服务导向的电话事业单位转变为一个市场导向的电信企业。董事会主席约翰·迪巴斯（John DeButts）在公司内部电视会议上向所有员工宣布：“我们要成为一家真真正正的公司。”为了实现这一新策略，美国电话电报公司进行了美国企业史上最大规模的组织转型。当时美国电话电报公司的100万个职位中有1/3发生了改变。尽管公司结构、人力资源和支持系统都发生了巨大的转变，但是公司内外的一致看法是美国电话电报公司的策略能否取得成功，关键要看有没有能力转变他们的企业文化。我们曾经密切参与了那7家剥离出来的电话公司中的两家的工作，帮助他们调整社会结构。这项工作花了很多年时间才真正取得了成功，甚至即使在那之后，旧文化的残余影响仍不时地冒出来。

那么如何才能转变一个组织的社会结构呢？舍温-威廉斯公司（Sherwin-Williams）的前总裁沃尔特·斯宾塞（Walter Spencer）曾经做过尝试。他花了6年时间想要把一个堆积着过多无利可图却又难以脱手的存货的企业扭转过来。公司的大多数董事会成员都有着根深蒂固的制造业偏见，这是克利夫兰（Cleverland）这个资本-商品型城市的通病。谈到要将舍温-威廉斯从一个生产主导型转变为一个市场主导型企业，斯宾塞说：“要知道这可是一个百年老字号，而且克利夫兰的商业环境又非常传统守旧，所以文化改造的工作只能慢慢来。你要一点一点做每一个人的思想工作。”经过6年这样的思想工作之后，斯宾塞辞职了。他说这项工作已经没有任何乐趣可言了。他已经让这家公司的文化有所动摇了，但还谈不上改变。

根据我们的经验，很多组织变革实验的失败原因都是领导者没有预计到文化力量的强力反扑。不考虑社会结构而试图让组织有所改变，只能沦为笑谈而已，仿佛传说中那位为了证明自己权力而在海边喝令波涛止步的丹麦王克努特（Canute）一样。

接下来的几个例子或许可以说明这一点的重要性。第一个例子讲的是文化对于并购能否取得成功的决定性作用，第二个例子讲的是对于实施企业策略规划的影响：

> 当以市场为导向的罗克韦尔国际公司（Rockwoll International）并购北美航空公司（North Ameriean）的时候，管理者和分析人士都一致认为，这会形成规模效应。“罗克韦尔在努力寻找适合商业市场的新技术和新产品，而在北美航空公司，‘科学天才’们每天都在把可能对罗克韦尔有用的点子弃如敝履。而反过来，罗克韦尔的商业制造能力又很让北美艳羡。”①

然而这两个企业的基本价值观不仅没能相互支持，反而发生了剧烈的冲突。“当时的 CEO 罗伯特·安德森（Robert Anderson）叹息说，搞航天的人不习惯于面对商业问题。‘我们总是敲着他们的脑袋叫他们把思路放宽一点，可他们总是一条道走到底，而且花了大量资金搞出来的东西要么没有市场，要么超出了市场的实际需要。’”这两家公司的世界观是截然不同的：“罗克韦尔眼中的这个世界是一个烽烟四起的战场，利润率决定一切。而北美航空公司的文化境界很高。比如说，他们有 60 多位拿着高薪的博士，而这些人只拿出 20% 左右的时间来打理公司业务，其余时间则去随心所欲地搞一些基础研究。这和一门心思控制成本和利润率

① 我们十分感谢霍华德·施瓦茨（Howard Schwartz）和斯坦·戴维斯（Stan Davis）为本章做出的工作贡献。

的罗克韦尔格格不入。多年以后，公司高级管理者仍在想办法提高这两个企业之间的文化契合度。”

第二个例子说明了企业文化对于创新项目的影响，特别是一个用于改善公司人员健康状况的项目：

> 很多美国企业为了员工的健康水平下降、医疗费用飙升而忧心忡忡，他们疯狂地进行健康投资，设立健身中心，修建体育馆，购买医疗服务。到目前为止，这些举动并没有起到什么作用。员工的患病率和疾病成本仍居高不下，有证据表明，即便是那些完全可行且有利于健康的项目，也很少有人能坚持下来。企业健康项目失败的最主要原因居然是因为企业文化中有着太多不健康的行为规范，压倒了个人所做出的有利健康的改变。于是一些公司开始把健康和个人问题一样纳入文化的范围，这样一来，员工生活方式的改变才有了长期保持的希望，公司的医疗支出也有了大幅度减少。

这些例子都说明了社会结构的重要性，而且我们相信，这也说明了领导者必须学会要有策略地处理好社会结构问题。行文至此，我们有必要总结一下社会结构是如何形成、延续的。

首先，有一个或一群创始人走到一起来提供某种商品或者服务。创始人对自己的产品持有一定的态度和价值观，他们所提供的商品或者服务也有一定的特性，让人知道应如何使用。

其次，市场、产品或者服务都会有一个定位，以便在大环境中得到一个独特的小环境（在接下来的一章里，我们将深入讨论这个“定位”过程）。

最后，组织中会形成一个回报机制，这个机制将随着创始人的态度或风格、组织的目标、各种流程的运作方式等因素而演化转变。随着组织的成长，有更多的人加入，使一些事务范围得到加强，另一些事务范围则被改造，还有一些人会离开，因为他们不适应这个组织或者无法将其引向自己所希望的方向。

组织总是在不断演化、改变的，至少是在某些方面。任务、绩效、市场、产品或服务都会改变。组织的规模会扩大或者缩小，会兴旺发达或者止步不前，会走向同质化或者多元化，这些都是有可能的。

与此同时，组织社会结构（或者文化）的改变不总是同步的，也不需要保持同步。有些时候，创始人的风格能够与时俱进。但更多的时候是他们的风格没有改变，从而不再适合于组织了。这种一度很有效的风格或者组织文化变成了一支单独的力量，不再受制于当初创建它的原因，甚至可能有悖于初衷。**简单来说，当管理层试图转变组织的目标、采用新的工作方法或者进行任何根本性的变革时，文化不仅不一定能够提供帮助，反而有可能打败他们的努力。**

抽象的讨论就到此为止。我们来看些实例吧。在本章的剩余部分里，首先，我们希望能够找出并阐明当代组织中最著名的三种社会结构。这些都是基本的原型结构，马克斯 · 韦伯（Max Weber）称之为“理想形态”。随后，我们要研究这样一个最要紧的问题：领导者是如何塑造和改变社会结构的？所以在下一小节里，我们的目标是加深领导者对于社会结构的理解，然后向他们提供改变这种结构所需的工具。

社会结构的三种类型

> 在艺术里，惟有无法解读的才是最重要的。
>
> ——乔治·布拉克，画家

组织社会结构的几个基本要素是：**组织起源、运作模式、工作性质、信息决策、影响范围、行业地位等**。根据这些要素可以划分出三个不同的组织类型：平权式、个人式和规范式。接下来我们要逐一研究这三种类型。

平权式组织①

有这么一家公司，它始于一个很少有人相信的设计理念：设计能够制造得出来的高技术产品。公司的第一创始人有大学背景，并把他的科学价值观带进了公司。至今他仍坚定地相信好东西总会得到认可。这家公司的基本原则就是从“双赢”的角度出发“追求卓越”。

他们工作的性质也反映出了这种理念。他们的新产品都是使用最先进的技术开发出来的，这就需要不同团体和个人之间的相互依赖。他们的活动有很强的不确定性，技术、市场以及竞争情况风云变幻。从某种意义上说，公司的每一个产品都是独一无二的。工程师的价值就是要在

① 此处我们要对玛西娅·维尔科夫（Marcia Wilkof）的感谢可不是一星半点了，她与我们共享的她的博士论文构成了我们对平权式组织理解的基础，即使称她为我们这一部分的合作者也不算很过分。见“组织文化”，博士论文，沃顿商学院，1982。

他们的工作中“找到快感”“迎击挑战”。他们这个领域中的竞争非常激烈，都是大盈大亏，天分高的科学家和工程师可以一步登天。

对于科学和技术信息的管理也是很重要的。在这家我们姑且称之为LED的公司里，信息的交流经常当面沟通，他们非常鼓励信息分享。

这种决策方式是参与式的，鼓励基层表达观点，以便能够对各种事务达成一致。这就意味着所有执行决策或受决策影响的人都有发言权。一致就意味着没有反对意见，不会有阳奉阴违、从中作梗的情况。这并不是说所有人的看法、想法或者做法全都一样，而是说所有的相关人员都有发言权，他们可以等一等，静观其变，看问题是否会自行解决、消失、澄清，等等。在LED公司，这种平权管理方式上至公司策略和生产目标，下到设计规范和工人薪资的所有大小决策中都有体现。

在LED公司，一个人的权力、影响力和地位取决于他能否得到同事的认可，而不是凭借行政级别高低。而一个人能否得到同事的认可，则是取决于他在别人心目中的能力水平以及他的人际能力如何。如果他们坚信什么事情，就应该坚持争取，但在争取的时候一定要光明正大，堂堂正正。

图4-1就是LED公司的平权结构示意图。这样一种文化从何而来呢？如我们所知，LED公司的创始人来自于学术机构，并把科学价值观带进了公司。特别是他还曾经在一家与大学有关系的政府实验室里工作过。他想到了一个新型装置，但实验室对此毫无兴趣，于是他和很多人一样另立门户自己去干了。除了科学价值观之外，这位创始人还笃信宗教，注重品德。他相信没有任何人，包括他自己，是无所不知的；这个世界

充斥着令人困惑、模糊不清的复杂问题和困境，只有依靠更多人的智慧，才更有可能找到解决的办法。他一直对人怀有信心。在创办公司的早期，他还没听说过麦格雷戈的 Y 理论或者任何参与式管理之类的理论，但他自己的想法似乎与这些价值观一脉相承，而且他对此非常坚持。

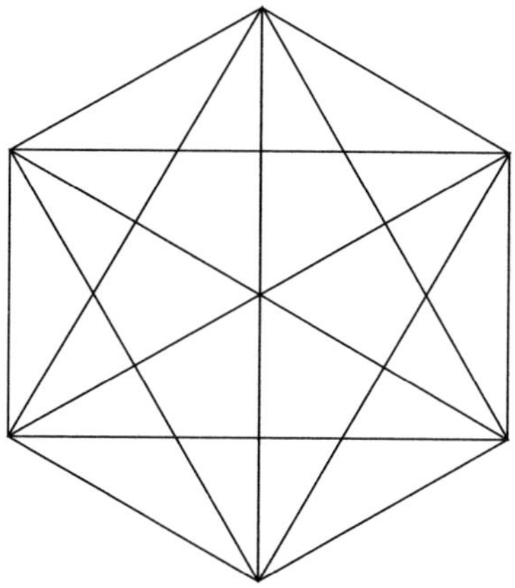

图 4-1　LED 公司的社会结构：平权式结构

（摘自玛西娅·维尔科夫的《组织文化》）

这位创始人（现已不再担任 LED 的总裁了）曾有一桩轶事。有一次，他聘用了一个来自对手计算机公司的工程师。这个人告诉管理层，说他从那家公司带来了很多重要“机密”。传说时任总裁的创始人得知后暴跳如雷，要这个新人把秘密“烂在肚子里”，并讲他再也不想听到诸如此类的偷窃念头，这不是 LED 的做事方法。

参与性或平权式的结构在世界各国都日渐风行。美国学习的是日本模式，同时也结合了一些人际心理学的原则。这种结构特别适合于成长快速、竞争激烈、高度倚重研发部门的科技型组织。

个人式组织

乔丹制造公司（Jordan Manufacturing）[①]的一切都是超级的：超级利润、超级政策、超级产品、超级产能、超级潜力以及造就了这一切的——超人。但这家公司最特别的地方还是它那糟糕透顶的加工车间。这里因为员工管理方面的分歧而四分五裂，成群的蓝领工人做着注定是毫无意义的无用功，厌烦和无望纠结成团。谁也不会认为，这里能有富于创造精神的人做出顶级品质的工作来。

这就是乔丹公司的缔造者兼老板吉姆 · 杰克逊（Jim Jackson）的传奇。当吉姆说起蓝领工作者的重新振作问题的时候总给人一种大吹大擂的印象，让人撇嘴。但跟吉姆接触过一段时间，聊得比较多了以后，我们确信吉姆不只是一个夸夸其谈的人。

---

① 乔丹制造公司和吉姆 · 杰克逊一样，在本书中都是我们随意取的化名，旨在保护公司的隐私。休 · 麦基本（Sue McKibben）出色地撰写了本部分的案例，具体到乔丹公司而言，实际上是对现实中的两家公司进行了整合形成的一个案例。

吉姆在别人的公司里一步一步往上爬了好久才买下了乔丹公司。从小吉姆就与众不同，别的孩子在搜集棒球卡片、崇拜体育明星的时候，他却把《财富》500强总裁的姓名背了个滚瓜烂熟。他希望有朝一日自己也能名列其中。只可惜他总是功亏一篑。有一家《财富》500强的企业倒是考虑过聘他做总裁，但最终这个位子还是没有交给他。于是吉姆放弃了童年的梦想，同时一个新的愿景浮上了心头：他要自己买下一个公司，按照自己一直以来的想法进行管理。

据我们对乔丹公司进行研究的人员说，吉姆·杰克逊确实“是个人物”。他经常用自己的言行告诫员工要挺起腰杆做人。他坚持每周至少去车间两次，嘉奖那些表现出众的员工，问问大伙儿家里是不是都好，顺便感受一下车间的气氛。员工不会疑心他是否在借机察看工作情况，因为他对于车间里的技术工作几乎是一无所知。吉姆有一句经常被人引用的名言：“我能把汽车发动起来就要谢天谢地了。”对此他还颇为自得。

杰克逊的竞争策略建立在质量与服务的基础之上。现在好像人人都把这两样挂在嘴边，但是否真的做到就另当别论了。乔丹公司做到了。一篇杂志文章上称：“该公司的成功应主要归功于一个精心构筑的在员工和老板之间建立信任的策略。”

某行业杂志撰文写道：“从创建之日起，吉姆就告诉关键人员说，这里的管理哲学就是：‘有话你就说。有什么事情你不理解，说！你要是有不同意见，说！然后咱们大家一起来想办法。’”这就是杰克逊的管理风格。这种有话就说的管理风格在公司的多种非正式政策中都有体现。在他那里，我们所见到的最接近于一份正规书面管理哲学声明的东西是他在买下公司后不久发出的一份只有半页纸的以下通告。

1. 人人都想把工作干漂亮，愿意为成功出一份力！

2. 具备了这些条件，他们就能把工作干漂亮：

- 他们理解工作的需要！
- 他们获得了：

  设施设备；

  方法步骤的说明；

  材料；

  相关知识；

  有效的领导。

- 他们的努力得到认可和赞许。
- 我们对所谓“失败”，不加以指责。
- 每个人都对产品肩负起一份责任。
- 我们不去对工人指手画脚，并给他们一些弹性空间。

我们来看看乔丹公司的经理们是怎么看待乔丹和吉姆的：

我非常敬重吉姆。面试时他对我说过的关于公司的话全都一一兑现了。不是瞎扯，他真的说到做到，简直不像是真的。当时我就寻思：“这会是怎样的一个公司呢？”几个星期后，我向他问起一件什么事，他回答说：“我当时是怎么跟你说的？”我就想：“成，这人靠得住。”

这里是对另外一个经理的访谈（这里的工作压力很大，人员来来去去换得很快）：

问：你想过要离开这里吗？

答：有过这个念头。这里苦啊！不过这里的机会和挑战也多，而且我们这个公司的的确确还不错。

问：当你觉得苦的时候，你怎么办呢？

答：去跟吉姆聊聊。没事儿的。

问：你真的敢把实话告诉他？

答：嗯，一般都是。

问：那么有什么事情是你无法跟他讨论的呢？

答：嘿，这还真有点说不上来。他总喜欢说授权，让我们大力栽培手底下的人，可我觉得他对自己的直接下属不够上心。就连这话我都跟他本人说了……

问：你在这里是如何取得成功的？

答：我和吉姆有几分相似之处。你看，我是在这家公司里长大的，十年间学了不少东西。我能够对自己进行调整，适应那些改变，学习所需的东西。对于那些过去没有机会直接跟吉姆一起工作的人，我也不知道他们会怎么样。

问：你觉得能在乔丹制造公司取得成功的高级管理者都具有怎样的品质？

答：首先，你得确实有一套；不论你是搞市场的还是管制造的，都必须对自己的本职工作很在行。然后你要有远见，做人要干净，要艰苦朴素，不要假模假式的……你就看吉姆是什么样子吧。而且要极度的有责任感。不要打扮得花里胡哨的。我们出差都只坐长途车。什么希尔顿酒店（Hiltons）、万豪酒店（Marriotts），没门儿。

问：凡是假日酒店旗下的都不许住？

答：对，假日酒店，还有最佳西方（Best Westerm）。

问：那不活脱脱就是吉姆吗？

答：太对了！

我们的采访者请乔丹公司的一位高级经理来画出或者描述一段最贴合乔丹的社会结构的动画，他说：

吉姆拿着个望远镜，在眺望未来，一边看一边耍杂技抛球。他是在船上，在船头，前面一片雾蒙蒙。他就一边拿着望远镜看一边抛球。这是条挺大的驱逐舰，看着像只从地狱里飞出来的蝙蝠。每隔一会儿，那个拿望远镜的家伙，也就是吉姆，就把望远镜和那些球放到一边，到处走走看看，跟船员说说话，让大家都相信这次航行将让我们永载史册，而我们居然听信了他！

当我们和人力资源副总裁讨论乔丹公司的社会结构时（我们请她着重谈存在的问题），她说有这样几个问题：“或许我们最大的问题就是：能够起模范带头作用的管理者太少了，而且管理者都是自己‘冒出来’的，而不是有计划有步骤地培养出来的。差不多就这些，但这可不是个小问题。”

吉姆·杰克逊喜欢套用文斯·隆巴尔迪常说的“输赢就在几英寸之间”这句话来告诫自己。他总说：“拿下这一英寸，拿下这一英寸。”照吉姆的话说，乔丹公司之所以能够取得胜利，就是一英寸一英寸地啃下来的。每年上百万个精密零件，这样的胜利来之不易，但他们确实是很成功的。

吉姆给乔丹公司设定的目标很简单而且一直没变，那就是：稳扎稳打地扩张公司规模，增加利润，分享财富，让每一个人都能在工作中找到满足感和快乐。他认为要实现这一点就只有一个办法：“在我们、我们的员工和我们的客户之间形成一种完全相互信任的氛围。”看来他做到了。

规范式组织

直到20世纪20年代，艾尔弗雷德·斯隆才想出了那种很快被奉为工业以及其他很多组织圭臬的基本模型。在通用汽车，斯隆把分权化的生产体制与集权化的政策和财务控制结合了起来。事实上，通用汽车模式（规范式组织的原型）在美国乃至于全世界，都还是工业组织的主要组织模式。

通用汽车和多数大型复杂组织一样，都有着一种界定明晰、规则清楚的正式结构；有着正式的委员会结构，“财务”人员和“运营”人员之间泾渭分明。斯隆在1920年一份名为“组织规划”的文件中，说明了为什么要采用这样一种结构。斯隆说他这份规划的目标是在保留分权化运营的优点的同时，引入一定程度的财务控制和跨部门沟通，以此将统一多元化公司的作用和效率最大化。

斯隆在《我在通用汽车的岁月》(*My Years with General Motors*)中如此写道：

> 在通用汽车1918~1920年的大扩张中，我看到了令人触目惊心的内容与形式不对称的现象：内容很充分，而形式严重不足。我相信，如果组织的形式得不到改善，这家公司就无法继续发展和存在下去。而且很明显，没有人对这个问题足够重视。

这反映了他当时对于通用汽车在20世纪前20年中快速盲目发展的不安，以及对于通用汽车创始人——随心所欲、异想天开、好赌成性的

威廉 · 杜兰特[1]（William Durant）遗留下来的不良风气的不耐。杜兰特凭借一己之力让通用汽车取得了世界性的成功，成为了汽车行业的霸主。他的做事方式虽然还算开通，但有时反复无常，让周围的人不知所措。杜兰特领导下的通用汽车在运作中根本没有中央控制可言。他的搞法是极端的分权化管理。这很适合他的天性，因为他本身并不擅长行政管理。从各方面信息看，杜兰特管理下的通用汽车连本正式的账都没有，这一点直到斯隆极力要求对公司账目进行年度审计之后才有了改观。当时的通用汽车没有一个总体的指导和方向，也没有像样的成长规划。到了 1910 年的时候，杜兰特领导下的通用汽车包括了 25 家小公司，其中大多数都是汽车配件生产厂。这些小公司组织松散、各自为政。母公司只是起到一个控股的作用。

1920 年经济萧条到来的时候，通用汽车的库存过剩，（因为杜兰特的野心太强，冲动扩张，超出了自己的实力，不顾缓慢增长的市场生产出了过多的产品，使得公司最终失去控制，被迫借入了 8 300 万美元的短期贷款以周转资金。1920 年 11 月 20 日，杜兰特在压力下辞职，黯然离开了通用汽车。

1920 年在风雨飘摇中，时任公司总裁皮埃尔 · 杜邦（Pierre Du Pont）第一副手的斯隆展现了惊人的财务和组织才干。他的“组织规划”至今仍是组织管理方面最重要的文献之一。他的提议主要包括以下两大原则。

---

① 威廉 · 杜兰特于 1947 年 3 月 18 日去世，临终时几乎和他出生时一样一贫如洗。他最后的日子是在密歇根的弗林特（Flimt）经营保龄球馆，据说在这段最后的商业生涯里，杜兰特一如往常，并不十分关心保龄球馆的本身运营，反而始终热衷于在全国扩张建立起 50 个保龄球中心的计划。

> 1．各项业务应由相应的最高管理者全权负责。最高管理者领导下的组织应当具备各种必需的职能，能够自行运作，合理发展。
>
> 2．要实现合理的发展并对公司的活动保持适当的控制，一定的中央组织职能是绝对必需的。

斯隆自己已充分认识到了这两大原则之间的内在冲突性。他知道，要让这个规划发挥作用，就必须在放手让各项业务进行自我管理（杜兰特的做法）和在各项业务间进行协调所需的控制之间维持好一个微妙的平衡。最重要的是，“组织规划”为“当时和日后”的通用汽车制定了一个确切的、正式的组织安排，通过它建立起来的社会结构用优秀的业务最高管理者（斯隆就是他们的代表）的才智成功约束住了杜兰特的企业冒险主义倾向。

根据大多数记载，通用汽车的文化是在斯隆的影子下渐渐成型的，随后一个主题占了主导地位，成了这个文化的特色。这个主题在通用汽车的管理哲学中处于中央地位，包含了这样几个核心价值观：尊重权威、不搞特殊、忠诚。

“敬上”姿态最常见的文化表达方式是用特殊的语言或词汇来专指高管所在的地区。在通用汽车巨大的工字形总部大楼里，14层一端的横排就是高管办公区。员工称其为“14层”或者“高管走廊”。在关于约翰·德洛雷安（Jahn Z. Delorean）的《晴日又见通用汽车》（*On a Clear Day You Can See General Motors*）中，帕特里克·赖特（Patrick Wright）写道：“在通用汽车公司，当人们说到‘14层’这几个字的时候总是满怀敬畏。”楼层布局也在彰显着他们的身份。楼层入口就是一道分界线，有意无意间暗示着这个地方不是那么好进的。

> 一扇厚厚的玻璃大门将14层隔在了身后，门上装有电子锁，门外是个装修简单的大候见室，候见室接待员按下她办公桌上的按钮后，大门才会打开。

进去以后，怪异的宁静更增强了那种权倾天下的氛围。

14层里一片沉寂。走道上难得有人走过，人们在说话时总是把嗓门压得低低的。沉静的气氛在各处投射出一派权倾天下的威仪，这种沉静想必是为了告诉人们：通用汽车那些大权在握的高管们都忙着在自己的办公室里研究问题，分析如山一般的数据，举行会议，制定干系重大、思虑周详的决策。在走道里说笑是不合宜的，这里没有说笑的空间，说说笑笑太不严肃了，而这里的工作太多，正经事尚且忙不过来，哪有时间做那些不严肃的事情。

“不搞特殊”的体现更是无处不在，从员工的着装、办公室的摆设，到他们的生活方式，全都是整齐划一的。20世纪60年代的标准装束是一袭深色套装、一件浅色衬衫，再配上一条素色或者带条纹的领带。

在赖特的书中，约翰·德洛雷安透露了为什么自己要离开通用汽车：

> 我觉得我辞职这件事真是可气又可笑：当年创建这家公司的杜兰特自己就是个特立独行之人，随后将它建设成美国优秀样板企业的人们也各个独具特色，但这样一家企业到了今天却容不下一名与众不同、有点个人特色的高管了。我自知没资格与那些创建、塑造了今日的通用汽车的人们相提并论，比如艾尔弗雷德·斯隆、杜邦家族、唐纳森·布朗（Donaldson Prown）等；但

我是在以他们为榜样。可现在我在他们所创建的这家公司里面干不下去了，这让我感慨万千……我连一块立锥之地都没有了。

随便谁都可以一眼看出通用汽车那种整齐划一、规规矩矩的社会结构与乔丹制造公司那种杜兰特式的创业精神格格不入，与 LED 公司的平权风格也相去甚远。从德洛雷安前面那段离职感言中也可以看出，他清楚地认识到了（同时也违反了）通用汽车公司里不成文但却神圣不可侵犯的天条。我们称之为通用汽车的组织结构风格。

脑筋再迟钝的人也可以看出这三个组织的社会结构风格大不相同。如果把吉姆 · 杰克逊放到通用汽车公司的 14 层，他一定会闷死。而不论是 LED 公司的创始人还是斯隆，到了乔丹制造公司也不会觉得舒服。总而言之，平权风格的 LED 公司注重的是一致同意、同僚关系、团队合作。在杰克逊的领导之下，他们的主导社会结构是个人化的，其极端就是一种默许的无政府主义，决策都是由个人自己做出的。通用汽车所代表的是另一个极端，是一种规范式的文化，人的行为完全取决于一套明确的规则和政策，任何偏离规则的行为都会遭到质疑，甚至被视为异端。

这三种风格差不多已经囊括了当代 95% 的组织的社会结构。

以我们最耳熟能详的组织为例，规范式风格组织的代表有：美国电话电报公司、宝洁公司、美国银行、帝国化学工业公司（Imperial Chemical）、福特汽车公司、洛杉矶道奇棒球（Los Angeles Dodgers）队、时代 - 镜报集团、美国国务院、绝大多数受到监管的行业，以及很多名列《财富》500 强排行榜的企业。

平权组织在高科技企业中较为常见，特别是在专业员工比例很高的合伙制组织中。硅谷和波士顿附近的 128 号公路沿线都充满了这一类的例子，以英特尔、Digital、Data General 和惠普为典型。此外理特管理顾问公司（Arthur D. Little）、天合汽车公司（TRW，虽然它有着很强的制造业倾向）也属此列。花旗公司也可以算一个。

很多年轻的企业和成长迅速的组织（经常源自于一个发明家兼创始人的头脑）都是个人组织的代表。比较典型的有戈尔特斯（Gore-Tex）、汤普森维他命公司（Thompson Vitamins）、富特希尔集团、美国酒店公司（Hotel Corporation Vitamins）、路易斯维尔卡蒂诺（Louisville Cardinals）、The Limited。（但是随着时间流逝，很多个人化的组织往往会向着平权式或者规范式的社会结构改变。）

表 4-1 对这三种结构类型做了个对比，读者可以从中看出自己的组织处于怎样一个位置。

表 4-1　　　　三种风格的社会结构

价值观 / 行为	规范式	平权式	个人式
决策基础	上级指示	讨论和同意	内心的想法
控制方式	规章制度、奖惩	人际、团体投入	根据自我认知而行动
权利来源	上级	“我们大家”的看法和感受	“我”的看法和感受
力求达到	符合要求	一致同意	自我实现
尽量避免	偏离上级的指示，承担风险	达不成一致	违心地做事
职位间的关系	上下级	平级	个人
人际关系	结构化	团体化	个人化
成长方式	依循现有秩序	加入同级团体	按照自己的意愿行事

我们从总体上给这三种形式的社会结构做了个区分。这三种结构分别自成一体，只要运用得当，都可以得到巨大的成功。领导者作为社会结构的设计师必须身兼艺术家、设计家、工头数职，合理搭建社会结构的各种要素，把组织打造得像一座美轮美奂的建筑一样，使其成为一个创造型的综合体，能够丝丝入扣地适合于将领导者的愿景变为现实。

我们一再强调，社会结构是能够提供意义的。如果一个组织要进行转型,它的社会结构也必须进行翻新。领导者需要阐明新的价值观和规范，提供新的愿景，使用一系列的工具来对意义和方向加以改变，并给新的意义和方向提供支持并使其制度化。本章最后一节就要讨论这个题目。

社会结构转型的三种工具

> 世界并不是像看上去的那样。
>
> ——摘自《小王子》

一个组织能否有意识地改变自己的社会结构呢？这是一个亟待解决的问题。因为我们必然要问：共同的价值观、投入度、决策流程之类的东西到底有多么难以改变？这个问题很难一概而论，自然更不会有什么现成的“说明书”，因为这都是些根本性的改变。但是有几个例子我们可以借鉴。李·艾柯卡在克莱斯勒（Chrysler）的经历就是一个。他提出了一个新的愿景，把工人们动员起来，共同为了这个愿景而努力，并且采取措施，让人们对于他所带来的改变始终保持高度投入。而 IBM 的路易斯·郭士纳（Louis Gerstner）则采取了一种截然不同的风格来给公司创造新的使命和文化。20 世纪 90 年代初，IBM 的主机和小型机销量暴跌，整个公司都不知所措了，不知该把重点放到哪里。1993 年来到 IBM 后，郭士纳换掉了很多因循守旧的经理，放弃了 IBM 正经八百的着装要求，提出要大力发展服务业务，推出了大量的新产品，并结成了很多技术联盟，以此来实现公司的转型。美国电话电报公司、大通曼哈顿银行（Chase Manhattan Bank）、苹果电脑、美国联合航空（United Airlines）以及其他很多领先企业也都在进行着这种转型。

我们关于社会结构转变的认识直接来自于那些接受访谈的领导者。要想实现成功的转型，就必须要做到以下三点（这些原则对于前述三种结构都同样适用）：

- 创造一个新的、吸引人的、能够把员工队伍带动起来的愿景。
- 让大家为了新的愿景而全情投入。
- 将新的愿景制度化。[①]

创造新的愿景

领导者必须为组织塑造一个愿景，也就是一个理想的未来状态。这个任务或许有别人来共同分担，或许愿景是和组织中的其他关键成员一起来制定的，但它是一项核心职责，是不可以完全授权给别人的。在通用电气公司，新愿景的制定是直接由杰克 · 韦尔奇负责的，虽然下属也为之出了很多力，但愿景终究还是在韦尔奇的哲学思想和风格之下成型的。艾柯卡更注重自己的直觉，而不是下属的报告。他对于新愿景和新使命的制定非常积极，总是亲自上阵。最重要的是，社会结构的转型必

① 诺尔 · 迪奇（Noel Tichy）的工作对于我们理解创作这一部分很有价值。

须是从组织的顶层开始的，由 CEO 启动，并且得到了董事会以及最高级别官员圈子的全力支持。如果 CEO 的行为能够和他所倡导的组织行为准则和价值观相一致，那么成功的把握就又大了几分。

美国电话电报公司提供了这方面的一个很好的例子。早在分拆程序开始之前几年，董事会主席查尔斯·布朗（Charles L. Brown）就在一系列讲话中为转型做好了铺垫。他在芝加哥商业俱乐部中发表的一篇重要演讲中如此断言：

> 一个新的电话公司即将出现，这是一个运用优秀的营销策略来满足客户多种多样的需求的高科技企业。这个公司不再是什么“贝尔老妈”……“老妈”已经走了。

美国电话电报公司有了新的使命,贝尔的员工用“竞争性”而不是“受管制”来形容自己，管理层也把目光的焦点转向了市场。

当然，美国电话电报公司的转型是一个漫长而曲折的过程，而且至今仍未完全完成。其间他们经历了多次的解雇行动，一次不成功的进军电脑行业的尝试，以及若干强有力竞争对手对核心长话业务的侵袭。毫无疑问，今天的美国电话电报公司比以前更加强大而且勇于进取了，但有一点很明显，那就是改造社会结构的长期挑战更多地关系到组织对于自己的定位是否准确，而不是愿景是如何生成的。

培养对于新愿景的投入度

整个组织都要被动员起来，接受并支持这个新的愿景，这样它才能变成现实。我们采访过的一位总裁把手下的 900 名高级管理者集中起来进行了 5 天的封闭讨论。如果单纯是为了分享一段短短的使命陈述和 8 个目标，那自然用不了 5 天的时间。但“投入”不仅是口头上的服从，仅仅聊一聊、交换一下看法是不够的。至少还要用多种方式反复阐明愿景，包括从造成的冲击最小的“政策陈述”到招聘目标和方法的修改，专门为了支持新的组织价值观而进行的行为方式培训，为显示和加强新愿景而对各种共同象征的修改和调整等多种手段。

关于象征符号的运用，美国电话电报公司是一个有趣的例子。当时美国电话电报公司恰好失去了贝尔的名称和标识，于是布朗所说的“老妈已经走了”就更加名副其实了。美国电话电报公司仍得以使用 AT&T 作为其商标，所以还是能够继续利用它在世界各地所建立起来的声誉。它换掉了原有的标识（一个圆圈，当中是一个钟），代之以一个打着方格的地球，以示电子通信无所不在。新标识发布之际，美国电话电报公司说它“象征了我们的企业和我们的未来的新维度”。

领导者创建了愿景，调动起人们的投入度之后，真正的挑战才刚刚到来，那就是要把新的愿景和使命制度化。

新愿景的制度化

中国古代名将孙武曾有这样一个故事。吴王请孙武以宫中的女子演示练兵，结果宫女嘻嘻哈哈，三令五申之后仍不见效，于是为了整饬军纪，孙武斩杀了带队的两名吴王宠姬。队伍练好后他请吴王检阅，吴王无心前往，于是孙武冷冷说道：“王徒好其言，不能用其实。”言语、标志、阐述、培训以及招聘固然重要，但这些还不够。**管理的流程、组织结构以及管理风格也都必须为新愿景下的价值观和行为方式的改变提供支持。**

我们来举一个鲜活的例子吧。美国电话电报公司拆分重组的时候，一项基本的工作就是要从当时的以地理利润中心向着业务利润中心转型。为了实现这一重大转折，美国电话电报公司必须要马上对 13 000 名员工进行重新安置，将其划归分拆后的事业部或下属企业。其余留在公司总部的行政骨干则按照新的以市场为导向的企业的需要，按照政策管理、策略管理、财务管理的框架重新安排。

这个过程也同样不是一蹴而就的。和大多数公司一样，对于美国电话电报公司来讲，在新愿景扎根的过程中，对组织进行调整的过程也是持续性的。美国电话电报公司在 20 世纪八九十年代裁撤了数万个职位。他们拿出数十亿美元投资于电脑业务，先是买进了 NCR 公司，然后又重新剥离；迟迟不肯出手进入移动电话业务，然后又花高价购入了麦考蜂窝通信公司（McCaw Cellular）；将其通信研发与制造业务剥离，成立了朗讯科技（Lucent Technologies）；此外还有其他一些巨大转变。每折腾这么一次，整个公司都要重新整顿一回。

这里我们要讨论的是如何将意愿转变为现实，其中所涉及的不仅仅有组织的使命、结构以及人力资源等体系，还有在背后驱动着这些体系的政治和文化力量。

在李·艾柯卡接手之前，克莱斯勒公司的内部基本结构已经很多年没有发生改变了。艾柯卡最先采取的几个措施之一，就是重新界定克莱斯勒公司与各外部利益相关者之间的联系，其中不仅有美国政府（他们成功地对政府进行了游说，让政府为克莱斯勒公司提供了巨额贷款），还有美国联合汽车工会。他们邀请了联合汽车工会的主席道格拉斯·弗雷泽（Douglas Fraser）加入克莱斯勒公司董事会。

艾柯卡在文化领域的表现也同样是可圈可点。他必须把克莱斯勒公司的“输家”文化价值观转变为“赢家”思维。这项工作的难度极大，这不仅仅是因为克莱斯勒公司过去的表现不佳，而且还因为被政府“施舍”而带来的恶名。而克莱斯勒公司还必须用比竞争对手更少的资源来完成这一改变。艾柯卡做到了，他利用自己频频向工人发出的鲜明而强有力的信息做到了这一点。或许更为重要的，还是他亲自在克莱斯勒公司的广告中露面，从而加强了对内部的信息。一两年以后，克莱斯勒公司的内部文化改变了，变成了一支嗷嗷叫着要夺取胜利的队伍，而且他们也具有了取胜的能力。

改变社会结构

> 我们的资产就是人才。
>
> ——迈克尔·艾斯纳，迪士尼公司前任 CEO

领导者这个社会建筑师干得好与不好，全看他能否管理好“意义”。这个概念我们已经反复强调过多遍了。但是真做起来还是会感觉似懂非懂。如果说从我们的分析中可以得到一点启示的话，那就是领导者们把一些很简单明了的事情做得非常好。社会结构的改变当然绝非易事，但是以我们事后看来，**这些优秀的领导者确实都很善于运用常识。**

以李·艾柯卡为例，他的公司能够发生这样的改变，靠的全是他的活力、信心以及向大众传达（并间接传递给公司员工）的信息。美国电话电报公司不仅改变了自己的企业标识，而且也对自己的业务进行了彻底改造，从以地理利润中心为导向转变为以全国性的业务利润中心为导向。很多公司都是采用更换 CEO 的方法来进行社会结构变革的。强生公司前总裁兼CEO吉姆·伯克（Jim Burke）说，有几个因素造就了公司的社会结构。他和公司创始人之子罗伯特·伍德·约翰逊（Robert Wood Johnson）都认为："只要你把一群有头脑、彼此相识的人组织到一起，分成一个个足够小的小组，问题总归是能够解决的。"约翰逊和伯克都坚信，小型自治化单位有着天然的优越性，于是分权成了公司的一个策略主攻方向。但是同时，伯克也清楚地认识到了"公司信条"的重要影响作用，这份公司信条体现着罗伯特对于公众和社会责任的观点。伯克是这样形容公司信条对于强生公司管理者的影响的：

> 管理者每天都要为了利润而操心，企业就是要挣钱嘛。不论在我们这一行还是其他行业里，很多人都会想："我要这样做，那么短期业绩数字会很好看。"但有了这份信条之后，他们就可以说："等一等，我并不一定要这么做。管理层跟我说过，他们最在意的还是长期效益，他们希望我能够遵循那些原则。我还是不要搞那些名堂吧。"

伯克马上又指出，创建并维系一定的社会结构是不可能一蹴而就的。尽管大家都普遍认识到了实行强生公司信条的重要性，伯克还是发现有搞表面文章的情况，所以仍有必要向管理者反复灌输那些与公司信条相对应的基本价值观。他的做法是这样的：

> 有些人，比如我的前任，他们对公司信条非常执着。但是业务单位的管理者们就不可一概而论了。有一种不断滋长的苗头似乎认为，公司信条固然是个好东西，但是谁也不需要真的为之采取任何实际行动。于是我把一些关键的高管们召集起来，大概有20人左右吧，把他们训了一顿。我说："如果咱们不打

算履行公司信条，那何必还要把它贴在墙上呢？撕下来算了。如果你觉得这信条该改一改了，那么你告诉我们应该怎么改。咱们要么就按照公司信条办事，要么就索性把这信条给废了。”

这次会议造成了不小的冲击，因为我们是在挑战人们自身的价值观。会议结束时，与会的管理者们对公司的各个信条有了更深刻的理解，也更重视了。随后，戴夫·克莱尔（Dave Clare）和我又与世界各地的强生公司管理者们分别召开小组会议来讨论公司信条的问题。

其实我并不认为你能够把什么信念强加给别人。但是我相信，如果说我对于什么对公司有利有所心得，那么我就可以帮助你看清事实，并且认识到这种理念是很有实际意义的，能够帮助公司走向成功。我想我们公司的情况就是如此。

在很多人的眼中（包括强生公司的管理者们），信条的力量在“泰诺”危机中得到了最好的证明。《华盛顿邮报》这样评价他们对于泰诺药物中毒事件的反应：“强生公司成功地在公众面前展示了一副只求有所助益、不惜一切代价的形象。”

在英特尔公司，塑造和维系社会结构的各种要素也是同样的简单而繁复。在英特尔的社会结构中，有一个组成部分是一项包含超过 80 门科目的“大学课程”。教学、学习、支付相应费用的全部是英特尔的员工，从董事会主席到车间工人概莫能外。公司总裁安迪·格鲁夫也推出了一门课，叫作《创造性冲突》（*creative confrontation*）。这门课程可说是格鲁夫的领导哲学和公司企业文化的一个总结。本书作者之一也曾接受英特尔的返聘，作为顾问帮助英特尔开发一门关于领导力的课程。在课程正式推出以前，整个最高管理队伍特意花了两天时间，在公司外面关起门来学习这门课程，由作者授课，他们来听讲，然后又用了几个月的时间把自己学习时发现的各种问题一一排除掉。现在他们自己在担任讲师授课。

此外还有安迪·格鲁夫不时发出的非正式备忘录。接到备忘录的人不论是持肯定还是否定观点，通常都会找一个显眼的地方把它贴出来供所有人参阅。笔者所见到的最早几份“安迪手谕”之一是他对某最高级别高管来函的批复。他用红笔写道：“胡扯！重做！”这几个大字占满了整张纸面。

吉姆·伯克有自己的高管委员会。MCI 公司前任当家人威廉·麦高恩（William McGowan）则总是揪住自己所碰到的每一个人说个没完，显然也属于彼得斯和沃特曼所说的“走动式管理”。有些领导者是“以身作则”，有些领导者是“言出法随”。我们所采访的这些优秀领导者对于塑造社会结构这项工作全都是亲力亲为，决无假手他人者，而且也没有一个对社会结构有丝毫放松、懈怠。

领导力智慧

LEADERS STRATEGIES FOR TAKING CHARGE

不论组织是大是小，不论主导的社会结构是何种类型，社会结构转变都是一个破茧化蝶般的彻底改变。这个过程在组织、运营、技术方面都极为复杂。在我们看来，这是今日管理者所要面对的最困难的任务之一。成熟了的组织必须通过某种方式来重新焕发活力，这样才能在一个日趋严苛的环境中更好地展开竞争。这种转型需要一种全新的领导力，我们正在为这样一种领导力鼓与呼。

"

WARREN BENNIS

STRATEGIES FOR TAKING CHARGE

信任是将领导者和追随者凝结在一起的胶合剂，
是维持组织运转的润滑油。
信任度的高低是领导力水平的重要指标。
信任是求不得的，只能去“赢得”。
领导者对组织准确的定位能帮助他赢得信任。

"

LEADERS

STRATEGIES FOR

TAKING

CHARGE

05

策略三：通过准确定位赢得信任

信不足焉，有不信焉。悠兮其贵言，功成事遂，百姓皆谓：我自然。

——老子

Trust is the lubrication that makes it possible for organizations to work.

信任是一种润滑剂，有了它组织才能够运转起来。

弗兰克·戴尔接手《洛杉矶信使报》（*Los Angeles Herald-Examiner*）的时候，报社刚刚结束了一场长达10年的罢工，各方成员之间都是冷眼相待，他说："所有的人都不再好奇，失去了自己的核心竞争力，对什么都漠然无趣，成天混日子，十分糟糕。"他碰到的第一个难题就是如何向所有人介绍自己，感谢他们的忠诚，并为他们找到能够宣泄自己的担忧与不满的地方。有人质疑他："你凭什么认为自己能够扭转乾坤？"他说："目前我还不知道。给我30天时间，到时候我会再来找你，跟你谈谈我的发现。"戴尔从整个赫斯特公司（Hearst Corporation）范围征调顶尖人才组成了一个研究队伍，搞了一个研究。30天后，他拿到了一份关于应当采取哪些措施的报告，并和属下一起传看。他迈出的这最初几步对于建立相互信任至关重要，若没有相互信任，领导力就成了空中楼阁。

信任是将领导者和追随者凝结在一起的胶合剂。信任度的高低是领导力水平的重要指标。信任是求不得、买不来的，只能去"赢得"。信任是所有组织的基本组成成分，是维持组织运转的润滑油，它难以捉摸，却又十分重要。

如果要建立信任，就必须要有“可预见性”，也就是说，另外一个人的行为是可以预见的。如果一个组织中没有了信任，它就会变得宛如卡夫卡的《城堡》(*The Castle*)，没有任何事情可以确定，没有任何人可以依靠。如果对于后果的预测有很高的准确率，那么信任就能够建立并且维系。

领导力箴言
LEADERS STRATEGIES FOR TAKING CHARGE

信任是将领导者和追随者凝结在一起的胶合剂。信任度的高低是领导力水平的重要指标。信任是求不得、买不来的，只能去“赢得”。

在我们所讨论的这种组织中，领导者和追随者之间的信任必须在两个条件下方能存在：

- 领导者为组织设置的愿景必须清晰、可行，且有吸引力。通常我们认为创建这种愿景是领导者的工作，因为愿景是整个组织的共同信念的基础背景。
- 领导者的定位必须清晰。我们所信任的是在组织中的定位清楚，并且知道他们如何给组织在大环境中定位的领导者。

愿景和定位密不可分，就好像思想和行动、想法和落实之间的关系一样。当然，愿景是激发专注力的主要催化剂，这一点我们在关于策略一的章节中已经讨论过了。本章所要讨论的是定位。这是信任问题中最为复杂、最难理解的一个方面。**定位的重要意义无论如何强调也不为过，因为它与愿景是相辅相成的，能够激发、激励领导者的愿景。**

接下来，我们要尽可能详细地介绍定位及其在组织中所起的作用。我们要介绍一种全新的建立信任的实用方法。在结尾部分，我们要研究领导者如何给组织定位。

组织与环境

> 计划是一种模式。复杂的社会组织用这个模式了解自己的目标，并思考如何实现它，监控进展情况，并且在整个过程中得以时刻审视当初的目标是否依然值得追寻。
>
> ——唐纳德·迈克尔

营销经理们对于定位这个词早就已经烂熟于心了。比如说，汽车公司可能会把自己的产品绘成下面这样的一张图（参见图 5-1），从而为自己的产品找到一个独特的细分市场，指导产品的风格、定价和广告。与此同时，公司的员工、客户、管理者以及股东，也就知道了这种产品代表着什么，公司想要做些什么。

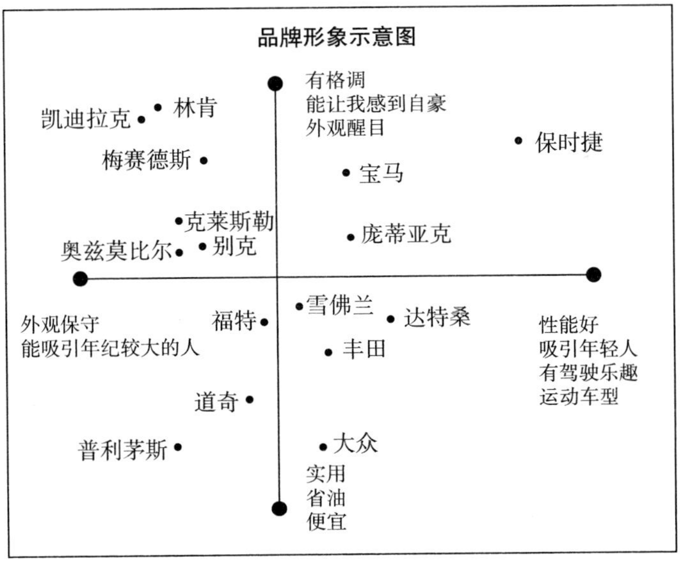

图 5-1　产品定位

资料来源：*Wall Street Journal*, March 22, 1984, p. 35.

如果我们把产品定位的概念加以延伸，沿用到组织上，那么根据这个组织定位理论就可以对很多的领导者行为做出解释。**“组织定位”是指一个组织在大环境中设计、确立以及维系一个小生态的过程。**它包含了领导者为了适应组织的内外部环境而在不同时间、空间中必须要做的一切事情。

就拿肯德基来说吧。在过去的数十年间，女性就业机会增加，离婚率上升，生活成本提高，单亲家庭增加导致家庭规模缩减，以及双职工家庭的增多等多种环境因素汇聚起来，由于这些人没有时间洗菜做饭，肯德基的领导者看到了一个有利的细分市场：人们需要一种廉价、现做、可靠、可以很方便地买到、吃到的餐食。肯德基对自身各个方面的定位都是围绕着这个细分市场来进行的：一种采用低价原材料，具有特别风味的独特食品；一个使用廉价劳动力、标准化设备与操作程序的生产程序；一套具有极大规模经济效益，用严格的质量控制来保证一致的采购体系；一条基于成千个交通便利、特征明显、面积不大的店面的配送链条，以及一个能够适应财务、促销和采购集中化、生产和销售高度分散化的状态的管理架构。简而言之，肯德基公司内部的一切都是服务于外部环境的需要的。

组织定位的理念对于其他各种组织也同样适用：安飞士汽车租赁公司、波士顿通俗乐团、童子军、年轻人的聚会地、商学院等。此外，人类组织和生物体在这方面也很近似。他们都必须找到一个适当的小环境才能生存、生长。如果环境发生突变，无论是组织还是生物体，都有可能因为来不及适应而死亡。破产法庭里充满了这一类的例子。

但是人类的组织和生物体在这方面也有三大不同之处。

第一大不同点是复杂度。组织所处的环境远比自然环境复杂得多，因为组织所面对的环境中不仅有自然要素，还有人的因素。与自然环境相比，人往往缺乏规律性和重复性，具有非理性和不可预测性。除此之外，组织不仅必须和其直接环境互动（如供应商、消费者以及毗邻的组织），还要和很多技术、法律、社会、经济、体制等因素打交道，它们对组织的行为设置了诸多限制，而组织对于这些限制的直接控制力很低。表 5-1 列出了四类组织的一些典型的直接环境和间接环境，包括：企业、大学、医院和政府机构。

第二大不同点是时间性。在自然界的大多数系统中，改变都是缓慢的，动辄以千年为时间单位。而在人类的系统中，变革可能发生得非常快。于是乎，对于现代组织来说，最重要的事情莫过于能否有效地适应改变。而这又导致了第三点区别。

第三大不同点是选择力。生物体的改变是自然选择的结果，而人类组织的改变却是他们自己有意识选择的结果。实际上，组织的定位决策在很大程度上就是设计一个适合于自己的小环境。组织可以自己选择所有的直接环境和很大一部分间接环境。比如说，肯德基在设计自己的小环境（细分市场）时做了如下选择：

- 公司的目标消费群体及与之互动的原则。
- 需要展开合作的供应商的类型与合作方式。
- 店面的地理位置。
- 公司将要涉及的媒体、劳动力市场、技术等类型。

表 5-1　组织外部环境一览表

环境	直接环境			间接环境				
	1. 供应商	2. 消费者	3. 毗邻组织	1. 技术	2. 政治 / 法规	3. 社会	4. 经济	5. 体制
企业	银行 工会 产品和服务的供应商	客户 股东	竞争对手 广告公司 审计师 监管机构 咨询师	产品技术 生产技术 研究团体 专利	税法 游说活动 补助和监管	公众态度 消费者权益 人口统计学因数	国际贸易 国内商业气候 市场因素 利息率	产业结构 贸易方式 审计标准 证券市场
大学	高中 教授 出版商 劳动力市场 捐赠者 出资单位 供应商	学生 病人 研究团体 校友 雇主	专业学会 校友 媒体 银行 认证组织 校董会	学术前沿 教学体系 计算机	公共奖学金 联邦法庭 版权法 任期	公众态度 人口统计学因数 各种学位的地位	教职工薪金 国内商业气候 通货膨胀 雇佣情况	学术市场 入学考试 校友圈 运动员联合会

续前表

环境	直接环境			间接环境				
	1. 供应商	2. 消费者	3. 毗邻组织	1. 技术	2. 政治 / 法规	3. 社会	4. 经济	5. 体制
医院	保险公司 医生 劳动力市场 捐赠者 供应商	社会大众 研究团体	医学界 教学医院 董事会 志愿者团体 医疗保险 制药公司	医学技术 行政系统 药学	医护体系 降低保健成本 食品及药品管理局 执照管理机构	公众态度 保健风潮 环境保护	保健成本 国内商业气候	疗养院 科研医疗 公共卫生 健康维护组织
公共机构	纳税人 公共雇员 产品和服务的供应商 政客	服务对象 民间机构	其他机构 教育团体 咨询师 市民团体 立法者 法院 民调组织	行政系统 研究团体 沟通技术	授权法规 法庭裁决 在职政客	公众态度 特别利益团体 特定服务对象的需要：贫困者、老年人等	国内商业状况 预算 全球经济	媒体交流 公开听政 委员会结构 权限

人类组织与生物体的三大不同点：**复杂度、时间性和选择力也正是领导者在对组织进行定位时所主要关注的。**富特希尔集团的前董事长兼CEO唐纳德·戈维茨对定位是这样说的：

> 我们公司能够发展壮大，原因之一就是，我们找到了一个细分市场，并且不断地努力在市场上扩张这个细分市场。最好的例子就是我们派了一个年轻的MBA到产油区去，他吃在那里住在那里，穿着长筒工作靴，打扮得和那些到处钻来钻去的钻井工一样。他花了四个月的时间走访当地的小银行，访问独立的钻井人，看他们到底需要些什么。根据这次研究的成果，我们公司开设了能源事业部，专门向那些独立钻井人以及为他们提供外围服务的公司放款。这些人从银行那里贷不到款，因为银行不想承担这样的风险。我们看准了这个细分市场，然后把它一点点做大，于是就得到了一个非常非常重要的利润中心。所以我非常相信这样一种市场创新方式，那就是看看你的市场想要什么，需要什么，你的竞争对手做了些什么以及没有做什么，然后看看如何更好地为市场提供服务。我称其为“浓缩式决策”。

格维茨的“浓缩式”决策就是我们所说的组织定位，因为他必须要为一整个事业部在他所选定的运营环境（产油区）中确定一个位置。他需要一条与之相适应的产品线，需要能够处理能源领域问题的管理者，需要在靠近借款者的地方开设办事处，还需要有一套相应的信息系统来对一个新型抵押物进行跟踪。不论如何称呼，定位这个概念主要涉及的就是在复杂多变的环境中创造一个独特的小环境，这个小环境非常重要，而且要与组织所拥有的资源和能力相适应。组织的工作成效高低，主要就取决于定位定得好不好。

领导者在给组织进行定位的时候有四大策略（有些时候他们运用了这些策略而不自知）：

第一大策略，随机应变。采用这种方法的组织是在事情出来以后再根据情况做出改变。有些领导者说是随机应变，其实是在为自己的玩忽职守找借口；但也有一些领导者确实是故意如此，以便保持灵活性，相机而动，因而往往有着更好的成绩。有一家公共事业单位采用了这样的随机应变的策略，他们所建的电厂能够使用多种不同的燃料进行发电，而不是完全依赖石油。随机应变策略的成本最低，但往往也是最短视的。这种方法有时效果的确不错，但只适合于变革速度缓慢、有充裕的反应时间的环境。可是能容得你如此优哉游哉的行业少之又少，已然近乎全军覆没的美国录音机产业就是前车之鉴。我们的领导者中也没有谁采用这种策略。还是再来看看格维茨是怎么说的吧：

> “浓缩式决策”有几层含义。首先，每年我们都要问自己：“你是干什么的？”嗯，我们这一行就是向美国的中小企业提供抵押贷款。每年我们都要问：“有没有其他的什么商机出现？我们是否应该买下一家保险公司？我们应该开展其他类型的放款业务吗？我们该提供消费贷款吗？”每一次我们的“浓缩式决策”都是要继续专注于为中小企业提供抵押贷款。这就是“行业决策”。

格维茨这番话不仅很形象，而且还引出了我们的第二大策略。

第二大策略，改变内部环境。领导者可以不是坐等改变影响到了自己再想办法，而是预测变革的走势，抢先一步采取行动。从短期来看，他们可以对将要受到变革影响的部门进行资金、人力或设施的调配，从而改变组织的定位。玩具行业一向是把 1 ~ 3 月间的接单量作为圣诞节销量的风向标，进货、生产的时候都是以此为准，而此时消费者的反应尚是未知之数。

长远看来，内部环境也是可以实现长期改变的，比如可以修正内部组织结构，对人员展开培训和教育，进行员工的筛选和淘汰，以及刻意营造一种特别突出某些价值观、压制另一些价值观的企业文化。美国证券行业的历史性大重组正进行得如火如荼，由于新的竞争对手（如共同基金超市、在线交易）、新的操作方式（如支票兼现金管理账户）以及跨国业务（如主权财富基金、全球保险）不断涌现，证券业未来的竞争将会更加激烈，很多公司都在努力构建新的企业文化。

第三大策略，改变外部环境。组织也可以闻风而动，对环境本身下手，使变革适合于自己的需要，这就像交响乐中的第一个乐章构成了其后各个乐章的环境基调。方法有很多，比如说广告宣传和游说活动，以企业家精神和创新精神开辟新的营销定位等等。工会可以通过发动成员罢工来改变其所处的环境，房地产开发商可以通过改变行政区划来让一个项目身价倍增，戈维茨也曾极力游说政府通过一项有利于小企业的税务改革。

第四大策略，在内外部环境间建立新的联系。采用这种方式的组织会尝试在其内部环境和预期的外部环境之间建立一种新型的关系。在短期内，可以通过谈判和讨价还价而让内外部环境都发生一些改变，使它们能够更好地彼此相容。在长期内则可以通过纵向整合、合并、收购或者体制设计的创新来实现新型的关系。比如联邦政府建立环保局，在企业和公众之间建立起新的桥梁。石油公司也经常会和外国政府组建合资企业，这也是一种新的组织形式，因为这样的合资石油公司既有公共服务的属性（如税率优惠或者采油许可），也有民营企业的属性（如民间资本），所以它可以在别国左右逢源。

在定位理论的基础上，我们要介绍一种帮助领导者在组织中建立信任的实用方法，这种方法叫作快速环境扫描法。**借助这种方法，组织中的领导者、管理者以及规划者可以分享彼此对于未来外部环境对组织定位的关键影响性作用的看法。**然后在这种环境扫描的基础之上，就可以为组织选择一个较好的定位。这样一来，形成信任感的其他要素，如正直、尊重、可靠、能力、愿景等也就都会随之就位了。但这些还是留待后面讨论吧，现在我们先来看一个假想的快速环境扫描会议。

领导力智慧

LEADERS STRATEGIES FOR TAKING CHARGE

领导力智慧 4 大策略

1. 随机应变。
2. 改变内部环境。
3. 改变外部环境。
4. 在内外部环境间建立新的联系。

利用快速环境扫描法进行组织定位

人们之间的接触才是最重要的。音乐演奏的奇妙之处在于需要演奏者间建立起真正的友谊。

——卡洛·马里奥·朱利尼，
洛杉矶爱乐乐团的前任指挥

这是一个舒适的会议室，坐落在某风景名胜区的宾馆里，某大型航空公司（姑且称之为环球航空吧）的 15 名高层管理者都来到这里，在公司总裁的带领下进行快速环境扫描。

会议开始，总裁扫视着屋里的这些人。他的目光首先落在了来自管理团队的那 10 个人身上。他想，真不知这些人将会作何反应，尤其是那些“老人”。他也叫来了几个敢想敢干、前途光明的年轻人，其中一个是管营销的，一个管研发的，还有一个来自一家新收购的下属公司。此外，会议室里还有三个“外人”：一位可靠的航空业咨询专家，一位是来自广告公司的高级客户经理，还有一位是来自华盛顿——曾经在联邦航空局任职的律师。

“静一静！”总裁喊道。他接着说，鉴于航空器技术的进步和来自没有成立工会的新航空公司的竞争，以及消费者对于乘坐飞机的态度的转变，航空业正在改变，他很担心。他希望大家能够共同为环球航空找到几个新的前进方向。他要求大家把日常事务暂且放在一边，和他一起畅所欲言，讲出自己对于远期的机会和风险的看法。他希望大家放下成见，积极参与，拿出创造精神，并且能快快乐乐地开这个会。然后他把发言权交给了负责规划的董事沃尔特·波尔森（Walter Peulson）。

波尔森向与会者介绍了快速环境扫描法。他说，今天，大家要拓宽思路，寻找将会对环球航空的未来造成影响的各种因素以及这些因素间的相互关系，然后他将对小组的成果进行分析，提出三五个反映了他们对于未来环境发展情况的“情景规划”。所有人都可以读到这份报告，然后一起再来讨论这些“情景规划”对于公司将会具有怎样的意义。

为了激发大伙的想象力，波尔森简要介绍了一些关于未来的书籍，包括阿尔文·托夫勒的《第三次浪潮》（*The Third Wave*）、约翰·奈斯比特的《大趋势》（*Megatrends*）、彼得·德鲁克的《未来的管理》（*Managing for the Future*）、查尔斯·汉迪的《矛盾的年代》（*The Age of Paradox*），等等。这些书中有的只是对当前趋势做了个简单的延伸，认为将来是"外甥打灯笼——照旧"，也有的认为随着科学技术、价值观以及生活方式的更替，未来社会将会有翻天覆地的变化。

波尔森请小组成员给讨论划一个界限。有些人认为，他们应当研究的是整个交通和旅游产业，但最后达成的决定还是把专注力放在航空业及其直接支持业务上面。有人说，应该只专注于未来 5 年的发展，因为这个行业的变化太剧烈了。但有一位副总裁指出，所有关系到公司定位的重要决策，如新点的开设、飞机的配置以及路线的设定，等等，都需要很多年的工作。于是，他们同意把时间限度放宽到这些决策能够发挥出最大回报的范围内。有一个航线的主管说："下星期会怎样我都不知道呢，何况 15 年之后。"总裁说，没有人能够预测"将会"发生些什么，但是以今天这些人的能力，确定出大多数"可能"的情况还是绰绰有余的，而这些"可能"将可以很好地指导他们评估新方向的风险系数。

接着，波尔森请与会者列出公司的"利益相关者"，也就是都有哪些人或群体可能对环球航空的未来举措施加影响或者受到环球航空举措的影响。小组很快就说出了不下 20 个利益相关者，波尔森一一写在一大张纸上，其中包括旅客、员工、股东、竞争对手、联邦政府、州和地方的有关部门、航空公司的管理部门、给公司贷款的银行，甚至有一位与会者把自己的老婆也算了进去。把所有的利益相关者全部列清之后，小组进行了投票，结果认为旅客、员工和股东是最重要的三个利益相关者。

波尔森又问：

> 在未来的20年里，这些利益相关者分别会希望环球航空做些什么？避免什么？

很快他们就列出了一张长长的清单。比如，旅客希望的有高质量的服务、安全、低价、准点、便捷和舒适。他们休息了一会儿，然后开始讨论绩效指标的问题。波尔森的问题是：

> 如果20年后，你又回到了公司，想要知道那时候的环球航空是如何给自己定位的，并且衡量一下这些年来公司的状况如何，你会向手下人问些什么？

与会者提出了三十多个指标，涵盖了盈利能力、运营效率、财务风险、员工关系、市场满意度、安全记录等方面。小组从中选出了5个最重要的，作为下一步衡量各种定位方案的基准。波尔森又提出了这样一个问题：

> 在未来的20年间，有哪些事情，一旦真的发生，就会对环球航空造成生死攸关的影响；换句话说，有哪些发展非常重要，即便目前看来可能性并不大，却也仍值得我们关注；我们首先来想想有哪些事情一旦发生，就会打破航空业的格局和竞争态势。

这引起了一场热烈的讨论。小组提出了45条这样的事项，其中包括下面这些。一些可能对竞争态势或行业格局构成影响的事项。

1. 某些机场的航班遭到限制。
2. 飞行员组成全国性的工会。
3. 目前尚未组建工会的工种开始组织工会。

4．大型航空公司对机队进行现代化更新改造。

5．一个大型航空公司极度扩张。

6．接二连三的飞机事故。

7．针对飞机的恐怖主义活动抬头。

8．一家大型航空公司破产。

9．订票系统计算机化，让所有旅客都可以通过自己的个人电脑来订票，从而将费用降至最低。

10．飞机票出现期货市场。

11．大型企业进入航空业。

12．数家全部舱位均为一等舱的航空公司成立。

13．一家大型航空公司和一家大型巴士公司合并。

14．两家大型航空公司合并。

15．低价航线称霸。

16．外国航空公司打进美国市场。

17．旅游或金融公司买下航空公司。

18．可在家中使用双向有线电视来购买机票、接收旅游信息。

19．航空公司国有化。

20．一种重要的机型被宣告为不安全。

他们又模拟了未来20年中政府有可能采取的行为，列出了“地方政府的控制力度加强”“颁布新的安全法规”“政府为即将倒闭的航空公司提供财政援助”等三十多条。午饭后，他们接着讨论了技术进步（如城市间的高速铁路、减少劳工数量的自动化技术、短距起降飞机）、经济发展（如严重的石油危机、通货快速膨胀）、顾客（如旅行的需要减少、私人飞机的应用增加），以及其他种种关乎人力资源、资本市场、国际发展等领域的可能情况。到下午 3：00，他们已经找出了超过 200 条此类的重大发展事项。他们进行了一次投票，从中选出了最重要的事项。

计票工作结束后，很明显有 12 条事项的得票遥遥领先，无疑，这就是在定位决策中特别值得注意的焦点问题了。他们对这 12 条进行了仔细的研究，并且对表述进行了细化修正，以避免不同人的理解出现误差。比如说，原先所说的“效率出现突破性的提升”“有航空公司破产”“商务旅行减少”“政府监管”这四项被细化成：

1. 效率出现突破性的提升。技术进步减少了航空公司运营中所需要的工人数量，比当前水平降低了 25% 以上。
2. 有航空公司破产。一家或多家当前规模很大的航空公司申请破产。
3. 商务旅行减少。由于电信会议和其他先进的计算机与通信技术的迅速发展，商务航空旅行的总量停止增长。
4. 政府监管。航空业监管放松的局面出现逆转，行业重新受到严密监管以改善经济效益或者安全性。

12 条内容均被如此明确化之后，波尔森要求所有与会者，写下他们心目中认为这些情况在 2020 年以前变成现实的可能性分别有多大。把估计的结果进行汇总后发现，与会者对于有些事项的看法相当一致，有些则相去甚远。波尔森把主要的专注力放在了后一类事项上，要求那些认为可能性很高的人和认为可能性很低的人分别陈述理由，然后又进行了一轮估计。这一次大家的意见开始更趋于一致了。波尔森说，并没有必要强求达成一致意见，重要的在于弄明白为什么会有不同意见。前面说过，这张小清单上的每一个事项都已经被认为是对环球航空有着重大意义的了，所以那些出现的可能性很高的事项，无疑需要在进行定位决策的时候就必须加以注意；至于其他那些可能性较低的事项，也至少需要系统的监控和定期的重新评估。

此时天色将晚，但还有一个额外的任务需要完成。波尔森介绍了交叉影响矩阵的概念（参见图 5-2）。利用这个矩阵，就可以看出与会者眼中的这个世界是如何运转的。他给每个人发了一张空白的矩阵图，图的最左侧和最上方都标明了那 12 个事项，并写上了 5 个主要的业绩指标。波尔森请大家把矩阵图填写完整。

事件	在 2020 年前出现的可能性	事件				趋势	
		1. 效率出现突破性的提升	2. 有航空公司破产	3. 商务旅行减少	4. 政府监管	环球航空的盈利能力	员工关系的质量
1. 效率出现突破性的提升	8						
2. 有航空公司破产	9						
3. 商务旅行减少	3		+2				
4. 政府监管	4						

图 5-2　交叉影响矩阵

填写方法：在各个单元格内分别填入一个数字来表示某个事件一旦发生，将对另外一个事件出现的可能性或者对于某个趋势的发展构成怎样的影响。可以简单一点，比如从 +3 代表的会大大提升另一事件变成现实的可能性，到用 0 表示的没有影响，再到 –3 所代表的会大幅削弱另一事件成为现实的可能性。灰色的区域不用填。比如 3–2 单元格中的 +2 就表示如果商务旅行减少，有航空公司破产的可能性就会增加。

一开始有些老人唠叨说，这也太繁琐了。但是进入了状态之后，他们发觉这项工作挺有挑战性。三四十分钟后，所有与会者都把矩阵图填好了。波尔森对他们表示了感谢，并问他们对于今天的实验有何感想。有人说："我得到了一个把自己的思想出发点和别人的出发点做个比较的机会。"另一个人说道："今天咱们还真提出了不少想法，而且咱们要面对的竞争环境还真是复杂啊！不过我的脑子里还是乱得很，形不成一个总体的看法。"波尔森应道："接下来就看我的吧。我会把你们提出的所有想法都汇总起来，包括交叉影响矩阵图，好为下一次的会议设定一个主题。报告完成后，我会第一时间发给你们；拿到报告后，也请你们花几分钟想一想，从策略高度看，环球航空所面对的这些环境将会造成怎样的影响。"最后副总裁对大家的参与表示了感谢，同时也感谢他们的热情和创意，然后宣布休会。但是与会者几乎是全体留了下来，移师到宾馆的酒吧里，又继续讨论了好几个钟头。

第二天，波尔森开始着手写他的会议报告了。他首先注意到的是，小组在进行探究的时候可能眼光还是太窄了，他们只看到了旅客和货物运输的层面，却忽略了其他一些补充性或竞争性的行业，如酒店、餐厅、旅游服务等，而这些都是有可能带来丰厚利润的。他觉得自己最好还是在报告里把这一点指出来，这样才好在下一次会议中进行讨论。在研究利益相关者的担忧和绩效指标的时候，他发现绩效指标没能充分反映出利益相关者的各种担心，于是在报告中也提到了这一点，说这方面可能也需要更多的关注。然后他开始看与会者列出的那个事件清单，尤其是那些在重要性方面排名靠后的事项。他认为有些得票较少的事项也非常有意思，于是把它们也写到了"情景规划"里面。

波尔森把总共 15 张矩阵图汇总成了一张。果然不出所料，对于有些单元格中的事件的相互关系大家看法相当一致，但也对一些事件的意见分歧严重。他给这些单元格做上标记，以待详细研究。他先是横着看矩阵中的各行，其中有些写得密密麻麻，可见是很强的驱动因素，也就是说一旦这些事项变成现实，就会大幅度改变其他事件出现的可能性。这就构成了“情景规划”的主题。然后他又竖着按列来看，发现有些列的内容也不少，表明这些事件对于其他事项很敏感，容易受到其他发展趋势的推动。对此他写道，有些事项本身的发生概率很低，但是一旦其他一些事项发生，那么这些事件的发生概率就会大幅攀升。这种关系很值得注意。他还通过汇总矩阵图研究了哪些事件对于反映环球航空的长期绩效的指标的走向影响最大。

然后波尔森开始设计“情景规划”。他想要写出三四个“小段子”，其中每一个都要包含若干个事项和趋势，要能够令人信服地显示出环球航空在 20 年后可能要面对怎样的外部环境。研究过交叉影响矩阵图和事件列表之后，他发现了一些规律性的东西。与当前的情况相比，有些事项其实仅是略有改变，他把这些纳入了一个名为“一如既往”的“情景规划”，反映的是比起当前改变不大的未来环境。其他事项意味着一个与今天大相径庭的未来。他把这些归入了另外三个“情景规划”,分别为“市场驱动”“政府驱动”和“强大经济压力”。市场驱动的“情景规划”基本上是乐观的，假定旅游和航空业还会继续扩张。强大经济压力的“情景规划”假定经济状况会恶化。而政府驱动的“情景规划”的前提是政府对于航空业的干预程度远远超出当前趋势的预想。

这几个“情景规划”特意写得各不相同，但都有内在的一致性和合理性，并且有足够的细节可以用于制定定位决策，反映当时与会者的预期（这一点才是最重要的）。

波尔森把所有这些材料全都写进了报告里，把各张清单也作为附件附在了后面。报告在第二次会议之前 10 天就发到了与会者的手里，好让所有人都能有时间掂量一下这些内容的策略意义。

他们再次聚首的地点是公司董事会办公室。波尔森首先发言，问大家对于那份报告有何高见，上次散会之后又有了什么新的见解。一般性的讨论过后，波尔森请大家仔细地逐个研究报告中的“情景规划”，列明环球航空公司在这些环境中分别享有哪些优势，又有哪些弱点。从列表看来，他们的优势主要有：公司的管理水平高，市场形象好，航线结构比较理想，在技术方面略胜一筹，弱点主要是：和工会处得不好，融资困难，在与一些新航空公司的竞争中稍处下风。

此时，波尔森阐明了本次会议的主要目的，就是参照本章前面的分类找出各种可能的定位方式。当他请大家说出各种可能的“随机应变”的定位的时候，大家积极建言，包括：

- ◆建立一个趋势监控机制，对环境的改变提出早期预警。
- ◆寻找更多的航空燃油供应商，以减少对当前供应商的依赖性。
- ◆将更多的旧飞机卖掉，然后租回来使用，这样将来如果飞机的设计有了重大技术改变，公司不会受到太大影响。

对于“改变内部环境”，小组列出了许许多多可能的定位，其中包括：

- ◆改变航线的构成。
- ◆对飞机进行改装，以增加可用的座位数量。

◆改变组织结构，加强对市场的关注程度，增设专门部门来关注一些特定的市场。

在“改变外部环境”这一项中，小组提出的意见包括：

◆加强游说，争取让航空公司在石油短缺时能得到优待。

◆开展新的广告活动，加强国外旅游对于退休人士的吸引力。

最后，对于“在内外部环境间建立新的联系”这一项，小组也提出了很多想法，包括：

◆与工会达成协议，将工资中的一部分作为奖金，只有公司实现了盈利才发放。

◆买下一家连锁旅行社。

◆努力与一个国家达成协议，获得他们国内航线的管理权。

区区几个小时，小组就提出了超过150个可能的定位方法。其中有些明显是太“不靠谱”了，引起了阵阵笑声，但就连这些建议也往往能够启发思路，带来另外一些被公认为有新意、有创造性的、更为严肃的建议。提议完毕后，波尔森组织投票，选出从长远来看对环球航空最有利的10条建议。午饭后进行计票，有4个定位方法明显得到了更多关注。此时，公司总裁提出要成立一个专门的委员会，对这4个提议进行深入分析，用几个月的时间拿份报告出来。

波尔森抓紧剩下的一点时间，请大家为专门委员会的工作提些指导性的意见。小组针对各个方案分别讨论了相对应的其他替代方法、可能存在的风险和可以得到的回报、资源需求，以及对于各利益相关者的影响。

专门委员会的主席可以请今天这个小组来对一些事项做出澄清，以便于分析工作的进行。

总裁做了几点总结，然后宣布休会。他说：

> 我认为，我们有资格为自己在这两次会议中取得的成果感到自豪。我感觉，我们大家对未来的发展走势形成了一致见解，而且对于“有哪些大策略值得深入考虑”这个问题也取得了一致看法。这一点让我印象深刻。我本人也从中获益匪浅，有些原本很模糊的事情，现在我有了新的见解。我想，在大家努力了解别人对于当前和未来情况的看法的过程中，我们每个人也都一定有所收获。现在我们需要百尺竿头更进一步。我保证，各位的专门委员会报告一定会得到认真对待。只要我们能继续保持这样的通力合作,公司的未来一定不可限量,我坚信这一点。感谢你们的帮助，我希望早日看到你们的报告。

当天晚上，总裁回想今天的会议的时候，他觉得自己很好地赢得了更多的信任也调动起了这些管理层人员的参与意识。由于他们对外部环境取得了更多共识，他确定这些人在管理各自的职能领域时，会更加得心应手。此外,他感到这些人对于组织的未来更平添了一份主人翁责任感，而且也学到了不少东西，了解了彼此对于在未来变革中遭到负面影响的共同担忧。对于其中的一些人，这次会议是一个非常难得的研究远期未来的机会，这次的经历有助于他们的成长。对于其他人，这次的历练让他们对详细、透彻地分析未来产生了更多的兴趣。当然，专门委员会还要更加深入地研究各种方案的远期影响，在此过程中，还会需要参照一些外部信息来源来检验自己的某些看法是否正确。

领导者能够从中学到什么

> 对社会的组织与重建不仅仅是对当代领导者的众多要求之一那么简单。它是领导者最高、最根本的技能之一。
>
> ——约翰·加德纳

要在组织中建立信任感，这样两天的练习当然是远远不够的。很显然，信任感是要通过长时间在不同环境中的接触才能形成的。尽管如此，快速环境扫描法仍体现了在建立信任的过程中所需的很多重要要素。通过这样一种严峻考验，领导者可以展现出自己以及组织的很多优秀品质，如相互尊重、实力、正直等，借此形成信任感。

哈罗德·威廉姆斯这样形容自己初任证券交易委员会主席时候的经历：

> 我觉得最庆幸的一点就是，我坚持了自己的价值观和自己的做法。如果你相信自己的道路是正确的，那你就要坚持，不论道路多么艰难，时机多么不利，都要坚持。我知道这不容易。有些时候，媒体对你纠缠不休、无孔不入，闹得连国会都满是风言风语；你自己的手下也在向媒体爆料；企业界和你明刀明枪地对着干。有时候事事都不对劲，那滋味简直是……但只要你坚信自己是正确的、光明磊落的，那就没什么好怕的。“你真的认为就应该如此吗？”如果是，那就坚持到底。此时要是改弦更张，那连我自己都会看不起自己。

最后，我们还是回到愿景以及定位上面来。这两者不仅是快速环境扫描法的两个最重要的方面，同时也是本章讲述的信任问题的轴心。定位和信任与领导者的基本工作息息相关：

1. **所有领导者都要努力克服阻碍变革的阻力，这是一个巨大挑战。**人们抗拒变革的主要原因有：对变革的目的缺乏了解；变革导致了太大的不确定性或者扰动；人们认为变革对自己或者组织构成了不利影响。有些领导者单纯依靠权力和加强控制来对抗这种阻力，但这往往会让人们对这种强加于人的做法感到反感，只能适得其反。聪明的领导者（包括我们所采访的这些领导者）都在职业生涯的早期就懂得了一个道理，那就是通过公开的沟通、参与以及相互信任，可以调动人们自愿进行变革，这样效果要好得多。我们采访的领导者之一，一个大型交响乐团的指挥告诉我们：

> 我想，在费城交响乐团这一方小天地里，我可以说是创造了一个真正平等共处、彼此关爱的小社会。我希望这不是一种假象。我从来都不需要负面的言语，一个字都不需要。即使是在非常微妙的环境下，我也会把自己的看法解释给整个乐团听，而不是强加给他们。就算同一种正确的做法，是强行塞给别人还是通过说服的方法，效果也不一样。

2. **定位决策的目的是建设一个利益一致、环境共享、相互信任的小集团。**这种小集团通常完全是组织内部的，就像环球航空这个例子一样。但越来越多的领导者开始把这种小集团的感觉加以延伸，让一些经过筛选的客户和供应商来参与一些重要决策，比如产品设计、分销方式等。有些时候，这种小集团甚至还包含了一个由同盟者、并购者以及合资企业等组成的关系网络。很多大型日本贸易公司以及微软 - 英特尔联盟都属此列。

为了创建这样一种利益小集团，领导者不得不扮演起政客的角色。他们要为各种团体的需要代言，争取他们的支持，为此领导者必须成为一个谈判高手，既要对各方面敞开心胸，体察他们的各种需要，在各种事务中诚实守信，又要懂得保护自己组织的利益。正如约翰·加德纳所说："对社会的组织与重建不仅仅是对当代领导者的众多要求之一那么简单，它是领导者最高、最根本的技能之一。"

3. 领导者负责掌管组织内部人们的行为方式及其道德准则和规范。领导者可以通过下面几种方式来建立道德准则。首先是以身作则。俄亥俄州的 JM 斯马克公司（J. M. Smucker）在美国果酱和果冻市场上称雄，其市场份额差不多达到了第二名的三倍。这家公司的创始人斯马克（Smucker），当初就亲自在每一张标签上签名，以表明自己为之负责。此后，JM 斯马克公司的各代当家人也都在诚实正直、社会责任感、严守道德方面做出表率。比如说，公司规定每一罐产品都必须比标准量多装一些。他们还坚决不在任何涉及色情、暴力的电视节目中做广告。它在全行业中第一个在所有标签中注明营养成分含量，还主动在所有工厂中雇用了全职巡视员，这使得公司里没有人敢投机取巧。

领导者可以通过对身边人的选择，说明组织存在的意义，鼓励正确的做法，向内部和外部人士阐明道德立场，来设定一个道德基调。

其实，信任感、诚实正直和定位全都是同一个领导属性的不同方面，那就是把希望有所作为的人和需要有人来做的事情组织到一起，使之成为一个能与自身和周围的小环境和谐相处的有机整体。

"

WARREN BENNIS

STRATEGIES FOR TAKING CHARGE

学习是领导者必要的能量与高涨热情的来源，
通过学习，
能维持一种不断产生出新认识、新想法、新挑战的态势。
在今天这种快速变革、高度复杂的环境中，
学习是必不可少的。
不会学习的人就不能长久地当领导者。

"

LEADERS

STRATEGIES FOR

TAKING

CHARGE

06

策略四：自我成长

我们都会因为自己的信心、未来、世界而恐惧。恐惧是人类想象力的本性。然而每个人，每一种文明都会在向自己设定目标奋进的过程中前进。一个人在对自己的技能作出承诺的时候，人们承诺作为一个整体进行同心同德工作的时候，人，便升华了。

——雅各布·布朗诺夫斯基

《人类的攀升》

Leaders
are
perpetual learners.

领导者都是终身学习者。

06
策略四：自我成长

我们曾经问那 90 位领导者，在管理组织机构时需要怎样的个人品性。他们从未提及个人魅力、穿着、时间管理或者任何其他花哨的准则，尽管这些准则被许多著名的报纸当作智者的特质。相反，他们谈论的是毅力、自我认知、愿赌服输、奉献投入、始终如一和挑战。当然，最重要的是学习。

领导者都是终身学习者。一些领导者嗜书如命，例如哈里·杜鲁门，当他还是小男孩时就每天泡社区图书馆，他读过图书馆里的几千卷书，包括百科全书。许多领导者主要是向他人学习。这是富特希尔集团前主席兼 CEO 唐纳德·格维茨的学习风格，他在身边召集了许多政治家和学者；还有沃尔玛的创始人山姆·沃尔顿，他因大部分时间都是与顾客在一起而成为传奇。几乎所有的领导者都很善于学习别人的经验。绝大多数的领导人都能说出深刻地影响他们的人生观、个性、志向以及经营方式的几位导师和几次重要经历。他们都认为自己在不断地“提升”“成长”“开辟新天地”。

学习是领导者必要的能量与高涨热情的来源，通过学习，能维持

一种不断产生出新认识、新想法、新挑战的态势。在今天这种快速变革、高度复杂的环境中，学习是必不可少的。很简单的道理，不会学习的人就不能长久地当领导者。

可是我们每个人不都一直在学新东西吗？领导者的学习又有什么特别之处呢？访谈为我们找到了答案。领导者不仅知道如何学习，而且他们还知道如何在组织这个大背景下进行学习。他们能够集中精力先做组织内的最重要的事情，并且把组织作为学习的背景环境。最成功的领导者已经形成了一系列被唐纳德·迈克尔称之为“新竞争力”的技能。

领导力智慧

LEADERS STRATEGIES FOR TAKING CHARGE

领导者“新竞争力”的5项技能

1. 承认并分享不确定性。
2. 坦然接受失误。
3. 未雨绸缪。
4. 善于处理人际关系（如善于倾听、培育新人、处理价值观冲突等）。
5. 具有自知之明。

这些技能多次出现在我们的论述中。我们知道了领导者在专门小组中如何承认不确定性的存在，并与同事们共同分担；如何把错误作为学习经历；如何为了重新验证当前的假设与事务的优先次序而致力于设定目标的训练中；如何利用他们的人际交往能力吸引别人加入组织以探寻新点子；如何通过吸收比自己的观点与眼光独到的同事或者外界专家的观点，来不断地加深对自己能力极限和偏见的理解。

也就是说，领导者是特殊性学习，即“在组织背景下学习”的专家。更值得提出的是：**领导者在组织学习中所扮演的角色即集体自我管理，这也是他们的学习与其他类型的学习的根本不同点。**

学习型组织

> 我学到了很多东西。领导层和组织间的协同作用是非常重要的，特别是在变革中期阶段。
>
> ——迈克尔·阿姆斯特朗

美国司法部判决贝尔旗下价值超过 1 250 亿美元的 22 家公司在两年内加以分拆。身为贝尔旗下的母公司，美国电话电报公司面临的将不仅是重组工作，它必须根本性地改变它的经营特点，它将不再是一个受到监管与保护的公用事业单位了。不管怎样，它必须变成一个自主竞争、自担风险的公司法人。不仅是公司的领导人和管理层，公司内的所有人包括个人与团体都必须学会如何运作一个新的模式。新的工作、新的人际关系、新的经营实践、新的目标、新的价值观和策略，这一切都需要学习。作为电话电报公司的董事长，查尔斯·布朗不得不带领他的公司渡过这种冒险性的转型。

美国电话电报公司的这个例子虽然充满戏剧性，却远非个例。组织总是在不断地更新。有些改变是快速和痛苦的，比如并购、工厂迁移之类的。但更经常地，变革并不快速而且又很零碎即这里生产一个新产品、那里解雇一部分员工，然后在什么地方又成立一家合资企业。可不论变革动作是快是慢，变革规模是大面积的还是零碎的，组织在不断地变革，它们总是在学习。

组织的学习是组织获取并应用新知识、新工具、新行为方式和新价值观的过程。组织内的所有层级，从个人、集体到整个组织层面，都会出现这种学习过程。对于个人，尤其是当他们之间进行交流以及与外界交流时，学习是其日常活动的一部分。对于集体，学习是通过其成员间进行合作以实现共同的目标来进行的。组织层面的学习是通过对周围环境的反馈及未来变化的预测来进行的。不论在哪个层级，新获得的知识都会转化成新的目标、过程、预期、角色架构以及衡量成败的标准。

军队的学习是组织学习的最鲜明的例子。军队里每个新兵初来时的价值观、教育程度、资质、动机、信仰等都不一样。他们中每个人都必须学习一些基本的生存技能，并熟练掌握一些脑力、体力活动。小队内的士兵需要学习如何作为一个完整的单位行动，每个人都要在自己指定的职位上进行最优表现，并且为队伍里的其他人提供支持，从而让整个小队单位取得成功。相互信任、共同的价值观、良好的内部沟通、高压下的决断力，以及外部条件发生改变时的迅速反应的能力等都是小队必须要学习的。学习途径通常包括：作战前的团队训练和战时的汇报会、总结评估会，以及战斗过程的强化作用。除此之外，整个部队还必须学习如何应对多种不同的战斗形势，包括不同的敌人、不同的威胁、不同的任务、不同的地理环境以及不同的准备时间等。这种学习可以通过分析及演练战争游戏进行，涉及武器装备如何获得，部队如何进行编制以及哪些条令条例是必需的，以便能够在真实的战争中更好地开展先发制人或者后发制人的行动。

公司的情况也是如此。美国电话电报公司也必须在个人、集体以及整个组织层面上学习如何应对分拆令。通用汽车公司也在三个层级上学习如何在新的市场环境下与丰田展开竞争。强生公司在发生了泰诺胶囊含有氰化物并且毒死几个人的案件后，很快学会了如何应对这种环境危机。IBM 正在学习如何对付微软和英特尔在个人电脑领域的联手夹击，尽管微软和英特尔自己也在进行转型以迎接网络新时代。对于这些案例以及其他的成千上万的案例来说，组织学习是使组织更好地准备以应对新的改变与机遇，从而提高组织生存能力的途径。

当一个集体追求一份共同事业时，某种形式的组织学习就出现了。罗马俱乐部所发起的一项主要的研究发现，维持性学习和创新性学习的一个重要的区别是：

维持性学习是指获得已有的固定不变的观点、方法及规则，并用于处理已知的、重复出现的情境。它能够提升我们解答特定问题的能力。这种学习的目的是维系现存的体系或已经确立的生活方式。任何一个社会要想正常运作并保持稳定，维持性学习就不可或缺。但是要实现长期的生存，特别是在一个动荡不安的时代保持长期生存，另外一种学习方式就更为必要。**这种学习方式能够带来变革、更新、重组以及问题重构。我们称这种学习方式为创新性学习。**

领导力箴言
LEADERS
STRATEGIES FOR TAKING CHARGE

领导者是特殊性学习，即“在组织背景下学习”的专家。

现在对于很多组织，维持性学习已经很成熟并且成为惯例，这是必要的，但仅有维持性学习是不够的。维持性学习只把当前绩效与过去的绩效进行比较，而不是与过去本可能达到的绩效或者未来应该达到的绩效进行对比。矫正措施的目的在于处理已经认识到的弱点和失败，而不是以优势和新的机遇为基础进行扩张。侧重维持性学习的组织的工作结构更加强了这种趋势，即把学习限制在“维系当前体系”限度内。

创新性学习的难度更大，因为它着眼于使组织做好在新环境中运作的准备，这种学习需要预测未来会出现而当前又尚未出现的情形。创新性学习无法在熟悉的情境中进行。实际上，“构造新情境”本身就是创新性学习的任务之一。创新性学习要应对的是新出现的问题，有些问题非常独特以致不可能通过尝试与错误来进行纠正性学习；有些问题尚没有解决办法；有些问题甚至都不能准确地知道其是如何形成的。因此创新性学习常容易被忽视，这导致很多组织难以适应周遭环境的改变。**管理者往往都能够很好地掌握维持性学习，而领导者的职责就是要确保创新性学习。**

创新性学习

> 商业判断的最后一步当然是直觉，但商业判断背后的主要工作是寻找并了解技术、市场等环境因素，并且持续地掌握它们变化的形式。
>
> ——艾尔弗雷德·斯隆，
> 通用汽车公司传奇式领导人

正如人类的学习一样，组织学习的方式也多种多样。这在很大程度上取决于组织具体的意图、文化、环境、运作风格以及吸收变革的能力的大小。下面将简单介绍 6 种强有力的组织学习模式。

第一，重新解读历史。每个组织都有着自己的经历与传统，这些经历与传统有时会在传奇和趣闻轶事中体现出来。福特公司至今仍对 T 型车和埃德塞尔汽车（Edsel）津津乐道；Data General 公司仍会欢快地说起早期在微机市场上与 DEC 公司在对抗中成长的故事。当我们在新的、改变了的环境中审视这些经历时，我们经常能够从中吸取教训，知道什么会在不同的环境中发挥作用。

在美国电话电报公司，服务与品质是一百年前就形成的传统。公司里每个人都知道贝尔系统那个勇敢的巡线员冒着洪水暴雪抢修坠落的电话线的传奇故事。但是现在，领导者们必须要重新定义注重服务与品质传统的内涵，因为当前其面临着新的形势，即面临着强大的咄咄逼人的全球性竞争对手；不断变更的新技术如移动电话、卫星通信、因特网等；精通计算机的客户，以及子公司包括贝尔区域性分公司和其后继者的贪婪的市场争夺。

第二，实验。组织可以通过进行控制性实验并研究其后果的办法来检验自己对形势走向的假设是否正确。企业在市场调研中经常使用这种方法。公共机构通过召开听证会获得对立法草案的反馈意见。詹姆斯·麦格雷戈·伯恩斯（James MacGregor Burns）这样写道："高管们是通过感觉和回馈进行工作的。他们摸索着向未来前进，一次只迈一步，随时做好了如果遇到障碍就马上撤退的准备。"

3M 就是一家将实验式的组织学习模式作为惯例的企业。尽管这是一家年销售额超过 150 亿美元，员工超过 87 000 人的巨型企业，但 3M 却是通过作为众多小单位的集合体而发展起来的。他们把工作划分成许多小项目，每个小项目着眼于特定的市场或产品。谁如果有新点子，就可以获得很大的自由进行尝试，简直就好像是自己开了家新公司一样。多年来，通过使用这种方法，3M 公司在成长能力与产品创新上获得显著的成就。

当然，任何一家有研究的预算投入的公司（3M 公司每年的研究预算超过 10 亿美元），可能会宣称实验是它研发新产品的主要方法。但是在 3M 和很多其他企业型的公司里，这种实验式的方法在市场营销、组织设计、生产配送等各个领域都有所涉及，同时公司也学会了如何发起并发展自己的业务。

第三，可比性组织。组织可以通过观察其他相似企业的经历来学习。公司的领导者阅读行业相关的出版物，参加行业协会，与其他的领导者讨论行业面临的共同问题。在第二次世界大战后的很多年里，日本商人通过研究海外的可比性组织来学习如何参与世界市场竞争。日本的管理者和工程师成群结队地去美国公司参观访问，拍摄了几百万张美国公司生产过程的照片，采访了成千上万的可比性美国企业的同事，回到日本后将他们所学到的好的经验应用到自己的公司。现在形势似乎相反，轮到美国企业积极地学习日本的管理方法了。其中一个戏剧性的例子就是“别克城”（Buick City）。通用汽车投入 3 亿美元仿照日本成功的生产车间，把自己的生产和装配工序与主要供应商连结起来以减少库存并且提高质量。

美国电话电报公司意识到，在分拆后要具有竞争力，其市场营销必须要更加高效才行。它研究了其他电子公司的市场营销；从 IBM 挖来了最高营销负责人阿齐·麦吉尔（Archie J. McGill）；像竞争对手一样将公司改组成业务生产线；由不同的领导人全权负责每条生产线产品生产；他们还和实力强大的的零售商如西尔斯百货等达成了营销协议。虽然华尔街并不确定美国电话电报公司已经学到了足够的营销能力，但他们确实在迅速地发生改变而且已经影响到了公司的各个层面。

第四，分析过程。很多组织通过有意识地分析外部环境的变化趋势，发现新兴的问题并探索新的解决方法来学习。通用汽车公司的传奇式领导人艾尔弗雷德·斯隆曾经说："商业判断的最后一步当然是直觉，但商业判断背后的主要工作是寻找并了解技术、市场等环境因素，并且持续地掌握它们变化的形式。"在我们对 90 位 CEO 的访谈中，这个主题一直重复出现。**领导者的直觉判断是必要的，但唯有经过审慎的分析之后做出的判断才能起作用。**

组织内被普遍认同的关于外部环境的变化模型经常使学习更加便利。一种常见的模型形式就是蓝图。它描绘了提议的设施、产品或者设备。通过对蓝图的研究，组织里的个人和集体就可以对提议的设计形成共同的意见，而且能够探讨它的优缺点和合理性。从理论层次上描述提议的营销计划或者财务策略的"思想碎片"也同样可以起到变化模型的作用。分析包括了大型的线性编程模型、计量经济学模型、财务报表模型等，这些模型能够帮助人们思考"如果怎样，将会怎样？"的问题。建立复杂的模型的原因只有一个，就是将这些模型作为工具来帮助个人和组织学习系统所呈现出的状态。

美国电话电报公司企业规划主任布鲁克·滕斯托尔（Brooke Tunstall）这样描述他在重组该公司时的分析工作：

> 美国电话电报公司运营总部位于新泽西州的巴斯金里奇（Bask Ridge），这是一个偏僻的 6 米宽、10 米长的房间。它是形势控制中心，控制着贝尔系统公司的缓慢的分拆进度。这个"公司分拆管理中心"的墙上贴满了进度表、日程表、关键事件示意图等。墙角的一台电脑终端上实时显示着公司的 300 条假设、2 000 项工作，以及 150 个关键事项，这些构成了分拆计划的基础。

第五，培训与教育。许多组织都非常重视正规培训。实际上在美国，培训和发展本身就是主要的产业之一，其在规模与总体支出上与全美所有大学、学院等传统高等教育不相上下。比如摩托罗拉每年的培训支出超过 1 亿美元。但这可不是摩托罗拉在无私奉献，它每支出 1 美元的培训费，都期望能获得 3 美元的回报。摩托罗拉分布在世界各地的 10 多万员工，每人每年都有至少 40 小时在接受这些培训。摩托罗拉公司将它在产品质量、新产品开发以及制造改善方面所取得的成就大部分归功于培训方面的努力。

英特尔公司每年为每人支出的管理改善活动方面的培训是 3 000 美元，著名的安德森咨询公司坚持要求每名顾问每年至少要接受 130 小时的培训，杰克 · 韦尔奇承诺通用电气公司的工资总额的 4% 用于克罗顿维尔管理学院（Crotonville）以及其他发展的培训活动。Perot 系统公司的主席莫特 · 梅尔森（Mort Meyerso）成立了一个机构，他称之为“健脑中心”，来对各种新想法、新创意进行深入研究。

猜猜看怎么了？以上这些公司都认为它们的成功至少有一部分原因在于这些发展性的培训活动。

尽管大多数培训都主要是为了提高个人的技能水平，但现在针对团队建设和集体学习经验的培训的比例在上升。有些培训课程比如关于新技术和行业趋势的课程，很明显是直接为了帮助组织了解环境变化的。但是除了正规的课程之外，也有一些非正式的课程，它们是为了其他目的而成立的专门委员会或研究小组的副产品，主要来自供应商、咨询顾问或外部审计师的信息通报等。这些学习机会经常通过正式传播渠道，如公司内部简报和布告得到补充或加强。

第六，反思学习。当组织的行为与变化了的实际的外部环境发生冲突时，反思学习或者叫剔除陈旧知识经常会被忽视。有些问题的出现比如失去了一名关键客户，会引起组织反思自己的基本假设正确与否，并重新进行排列组合。学习型组织高度重视这些经历，因为它们提供了对现实情况的检验并且及时做出相应的调整，否则未来将会犯下更大错误。举个例子，当艾尔弗雷德·斯隆刚刚接手通用汽车的时候，他就带领公司开展了一次反思学习，过去整个系统各自为政的管理方式被抛弃，取而代之的是一个斯隆设计的分散的但又是相互协调的新型管理体制。

最近，DEC 公司也经历了一次大规模的反思学习的过程。它将自己多年来作为一个成功的微型电脑生产家所形成的基本理念和运营实践都抛弃了，以更好地迎接 21 世纪。为了展开具体的分析，DEC 公司：

◆从一个经常需要花费几个月的时间分析项目并且在行动前要仔细考虑的公司变成了快速运转和勇于试验的企业。关于他们的一种新的说法是“上午提出计划，下午投入实施，晚上进行评估”，虽有些夸张，但亦不远矣。

◆从一个几乎完全依赖自己的专利技术的公司变成一个拥有许多策略联盟的企业，有一些联盟曾经是尖刻的竞争者，例如微软、甲骨文等竞争对手。

◆企业文化从内部提拔人才，稳定的组织结构，一流的服务和技术优势，转变为增加外部引进人才，变化型的组织结构，高风险价值的企业文化。旧企业文化将被抛弃并最终逐渐被所有人淡忘，除了那些老一代员工。

没有人知道DEC公司能否成功地将那些根深蒂固的经验和价值观剔除，但这家公司的未来的生存能力可能就取决于其反思学习的过程。

这6种创新性的学习模式阐明了组织学习如何自我配置、取缔旧规则、改善信息流动、重新焕发创造力的一些方法。有效的组织学习能够使组织的判断力随时间而得到改善，传统的假设不断受到挑战，关于外部环境及组织自身在外部环境中的作用的认识在不断深化。但是就好像有些孩子学习速度慢而有些孩子学习领先一样，组织在创新性学习中的实际效果也是不同的。其中的区别就在于领导力。**没有正确的领导，组织学习是没有重点的，会失去活力、力量、凝聚力及方向。**

领导力智慧

LEADERS STRATEGIES FOR TAKING CHARGE

组织学习的6种模式

1. 重新解读历史。
2. 实验。
3. 可比性组织。
4. 分析过程。
5. 培训与教育。
6. 反思学习。

如何领导一个学习型组织

> 具有领导潜质的自我实现者的最明显特征超越了马斯洛的自我实现。领导者的自我实现是指他们能够从别人身上以及从环境中学习，即他们是能够被传授新知识的。
>
> ——詹姆斯·麦格雷戈·伯恩斯

我们曾经说过，这 90 位领导者大多都意识到自身学习能力的重要性及不断学习的需要。他们是热情的学习者，愿意听取新的经验，寻求新的挑战，并且把错误看成是提升自我的机会。尽管他们中很少有人能清楚地意识到自己在组织学习中的角色，但我们的确有证据表明，他们的很多行为都在指引和激励创新性学习中发挥着作用。例如，当我们采访阿科公司的前总裁威廉·基斯奇尼克（William Kieschnick）的时候，他告诉我们：

> 在我职业初期时，我为公司里的几位领导工作。他们都是重要的角色楷模……他们能够承担探索所带来的风险。并且由于形势充满了不确定性，所以在行动路线推出之前，他们能够容忍异议和别人的不同想法……想法是很重要的，创造性张力被看成是很有用的工具。这一切都对我的青年生活和价值观的形成产生了深远的意义。

领导力箴言
LEADERS
STRATEGIES FOR TAKING CHARGE

没有正确的领导，组织学习是没有重点的，会失去活力、力量、凝聚力及方向。

威廉·基斯奇尼克向我们说明了领导者是如何通过角色楷模来激励他人学习的。在前辈的影响下他成了一个能够承受风险的人，当时其他很多有前途的年轻主管也是如此。因此，在阿科公司的企业文化、目标设定、决策规则和业务经营上，承担风险成为一个很重要的方面。威廉·基斯奇尼克后期的事业从一个产品线的主管升任为策略规划的副总裁，又从副总裁升任公司总裁。作为一个卓越的学习者，基斯奇尼克在寻找经营石油业务创新性的方法时的热情鼓舞着整个公司组织。

这种通过以身作则来培养组织学习的品质可能就是领导者最重要的职能之一。詹姆斯·麦格雷戈·伯恩斯指出："具有领导潜质的自我实现者的最明显的特征超越了马斯洛的自我实现[①]。领导者的自我实现是指他们能够从别人身上以及从环境中学习，即他们是能够被传授新知识的。"如果领导者被认为能够有效地从周围环境中学习，其他人就会效仿他的榜样，这就像孩子模仿父母，学生模仿老师一样。领导者和组织是相互促进的，指引大家进行创造性的自我发现，通过自我发现每个人就能够学习如何在复杂和改变着的环境中做到最有效。

举个例子，想想 1992 年当迈克尔·阿姆斯特朗（C. Michael Armstrong）离开他供职了 31 年的 IBM 到休斯飞机公司（Hughes Aircraft Company）任 CEO 的时候发生了什么。他坦然地承认自己在防务领域还有很多需要学习。通过一系列与客户、公司高管、各方面专家的会议，以及了解他们的技术、市场和潜在的可能性，这个新公司帮助他学到了很多。他用了几周的时间参观休斯飞机公司在各地的工厂。因为正如他所说："我学到了很多东西。领导层和组织间的协同作用是非常重要的，特别是在变革中期阶段。"

反过来，阿姆斯特朗也帮助休斯飞机公司学习怎样把以客户为中心做得更好。这绝大部分是阿姆斯特朗通过自身的例子，通过他提拔的人，通过他向新闻媒体发表的评论以及他对广告词的选择来实现的。他们同时开始学会了如何将休斯飞机公司重新市场定位为新的产品 / 客户细分

① 马洛斯的自我实现理论思想主张从人的自我发展来体现个人的道德价值，以个体的内在潜能的发展来阐述自我实现。马斯洛作为西方著名的人本主义心理学家，就是自我实现理论思想的代表者之一。——编者注

市场，例如卫星转播娱乐节目。短短几年时间，休斯飞机公司变革成一个更有竞争力的公司，对航空宇宙业务的依赖程度降低，并且正在向通信和电子发电所迈进。

领导者可以通过奖励学习行为来推动学习。为实现这个目的，他可以利用各种奖惩手段，包括补贴、表彰、对资源分配的控制、晋升、令人垂涎的任务、支出报销、免除一些日常事务等。

哪些行为会被奖励呢？首先，领导者必须注重长远眼光的思考、创新和创造力。投机和对未来的预测应该合理化并且作为一项组织工作。

领导力智慧

LEADERS STRATEGIES FOR TAKING CHARGE

这些行为会被奖赏

1. 变革与尝试应该受到欢迎，思想交锋和新方案的提出也同样要受到欢迎。
2. 追求卓越的一般性动力以及为组织使命共同奋斗也同样需要被奖赏。
3. 新的价值观和组织安排也应该受到鼓励，以使知识的分享更加便利，并将个人的最低追求与组织的使命统一。

例如，花旗银行被普遍认为是世界上最具创新性的银行之一。它最先开展可转让存单业务，最早积极应用 ATM 柜员机，发行的银行信用卡数量超过任何一家银行，世界上最大的私人的外国放贷者。花旗银行的前董事长兼 CEO 沃尔特 · 里斯顿（Walter B. Wriston）被公认为是领导花旗银行走上这种创新模式的人。下面看看他是如何促进创新性学习的：

◆ 他批准了许多实验，几乎任何人的任何好点子都能获得他的支持。此外他还说服了其他的管理者相信创新是成功的路径。正如花旗银行的一位执行副总裁理查德·布拉多克（Richard S. Braddock）对《华尔街日报》说："拥有很多正在进行的实验，并且从中学习，这就是我们能做的最好的事情"。

- 他鼓励雇佣那些明智的非传统类型的人才。比如接替他领导消费银行业务的约翰·里德是工程师。公司的一位执行副总裁埃德温·霍夫曼（Edwin P. Hoffman）获得了分子生物物理学博士学位。只要他们做出成绩，沃尔特就马上提拔他们。花旗银行很多高层管理者的年龄只有三四十岁。
- 他不会因为某个人做的风险尝试失败了就解雇他们。相反，他会将这个人安排在更高层执行官的身边一两年，让他慢慢恢复并重新开始做另一项实验。当然，连续实验失败的人肯定会被解雇，但里斯顿似乎认为如果你从不犯错，那说明你肯定没有努力地尝试。

鼓励创新还有其他的方法。史密斯国际公司（Smith International）的前CEO杰里·尼利（Jerry Nedy）告诉我们："如果某个部门经理告诉我们他们将在某个领域搞研发工作，我们就知道这项研发肯定将影响他们的收入，所以我们就会出钱使经理摆脱影响收入的想法，并且在未来几年内把投资收益回报的目标降低。"

尼利还给予那些具有冒险精神的年轻人很大的授权，让他们可以自行决策。他说："我们不断地让员工自己做决定，扩大他们的支出限度和用人限度，在他们的业绩表现对财务的影响上给予更大的裁量权。在我们的 12 位部门经理中，只有两位年纪超过了 50 岁。这些部门规模大至 4 亿美元，小至 3 000 万美元。”

领导者促进组织学习的办法还有很多。A&M 录音录像带公司的前总裁吉尔·弗里森（Gil Friesen）告诉我们，他通过招纳有天赋的年轻人并且培养他们的创新意识来营造创新的氛围。很多领导者形成了这样一种决策风格：如果部门不能就项目提出一系列的发展方案，他就不会批准这样的项目，这样就会推动部门探寻其他的选择方案。有的领导使用建议箱和奖金来鼓励员工探索新点子，或者从外面请顾问来召开特定的小组讨论会以鼓励集体的创意。类似的办法不胜枚举。

如何组织创新性学习

> 人们总是特别关注包含自身心血的想法。为此，他们愿意更努力地工作，并且更加投入，只为让它得以成功。
>
> ——富兰克林·墨菲，
> 时代 - 镜报集团前任主席

尽管领导者提供激励并注重创新性学习，有的组织就像患有学习障碍症的小孩一样很少进行创新性学习。他们顽固死板而且缺乏灵活性，直至遭遇重大危机才会进行变革。这是个坏消息。好消息是，领导者可以对组织进行重构，使其愿意进行创新性学习。要做到这点，领导者可以关注三个方面：

首先，设计一个开放式的具有参与性与前瞻性的组织。开放式的组织的设计意图就是要与外部环境进行连续性的紧密的互动，要能够迅速而灵活地对新信息做出反应。在开放式的组织里，人们有着一套共同的有助于学习的行为规范、价值观及事务优先次序，包括对变革的敏感性，对新挑战和新方法的探索，对创新和风险承担的尊重。开放式组织是着眼于未来的，即它的很多行为都受到两个方面因素的支配：**对于未来威胁和机会的预期，以及对当前策略的可能的未来后果的关注**。开放性组织也高度关注信息与沟通系统，因为这是组织内的每个部分分享知识的渠道。在组织中设立一些便于管理的小单位，这些单位要小到能让员工真切地感受到自己对该单位的责任，并且能够衡量自己在适应外部环境变化取得的进步。

计算机制造商和软件企业能更好地说明这种灵活开放的组织方式。在这些组织的内部，便于重组的项目式结构是主要形式。企业内外的人员流动都相当地频繁，故而某个地方的经验知识能够迅速传播开来。一个精干干练的销售、服务人员团队密切地和客户进行接触，一旦有新的需求产生，他们可以第一时间获悉；技术人员通过经常性地参加会议并对最近的研究成果进行交流；供应商通常参与最初新产品的设计；消费者协会、质检员以及活跃的行业媒体则不间断地为企业决策提供关键性的反馈。管理者是否被聘用取决于他们能否迅速吸收所有信息，能否迅速地组建起有效的项目团队来应对新环境。整个行业都清楚保持灵活性的重要性，而等待那些不能有效应对快速变化环境的企业的则是破产的命运。

其次，参与性是设计学习型组织需关注的第二大要素。时代 - 镜报集团的前任主席富兰克林 · 墨菲曾这么说道：“人们总是特别关注包含自身心血的想法。为此，他们愿意更努力地工作，并且更加投入，只为让它得以成功。”共处一个集体之中，人们总是通过学习彼此来了解外界环境，明白哪些事情值得关注，哪些成就是理想可行的，以及责任应当怎样分配。通过合作，人们彼此分享，相互激励，共同为组织的利益而投入时间和精力。

领导者都清楚参与性的重要意义。奥尔加——一家成长迅速的服饰制造公司，时任该公司主席的简·厄特斯泽克（Jan Erteszek）如是说：“企业不仅是一个经济实体，更是一个社会团体，甚至可称得上是我们这个时代的核心社会团体。我们的产品之所以在创新和质量方面遥遥领先，创意会议实在功不可没。”这些领导者希望建立一个“有责任感的社团”。在这个社团里面，人们彼此依赖，共同担负起企业长期生存和成功的责任。在这个过程中，领导者提高了个人和团体两者管理复杂环境的能力。

最后，学习型组织的设计还必须关注计划性。这一点通常是通过建立一个有效的规划流程并且奖励那些使用这种流程来管理变革的人们来实现的。正如唐纳德·迈克尔所说：“计划是一种模式。复杂的社会组织用这个模式了解自己的目标，并思考如何实现它，监控进展情况，并且在整个过程中得以时刻审视当初的目标是否依然值得追寻。”

在大多数人的观点中，规划仅仅意味着对未来做出正确的判断，并据此采取行动的过程。但在一个正式的规划程序中，一个组织识别、评估新的议题，设计、考量可行的选择政策，达成对某一有效行动的共识，争取调整方向的合法性的这些过程都可以被制度化。

从詹姆斯·布赖恩·奎因（James Brian Quinn）对 9 家大企业的研究中可知，正式的规划程序有 6 个主要功能。

- 构成一个其他方法无法达成的信息网络。
- 阶段性地迫使业务经理们开拓视野，用更广阔的角度来审视自己的工作。
- 促成了关于目标、策略事务以及资源分配事宜的积极沟通。
- 使管理者系统性的把握未来，对中短期的决策做到心中有数。
- 能安抚人心，令人在面对未来时有良好的心态。因为未来的不确定感减少了，管理者会不再那么急功近利。
- 能够促成更长期限的、关键时期能左右特定策略决策的专项研究的开展。

领导力箴言
LEADERS
STRATEGIES FOR TAKING CHARGE

优秀的领导者同优秀的指挥家一样，能够激发一个团队的最大潜能。

总而言之，领导者在组织设计时可兼顾参与性和计划性，扩展决策者的眼光，开阔他们的眼界，让彼此分享基本观点和价值观念，促进新方法的发展和使用，从而为创新性学习提供一个合适的环境。通过尽可能的了解周遭的变化和趋势，组织可以知晓它的目标、方向和未来的理想状态。当这种感知在组织里得到普遍认同后，众人便会“有劲往一处使”并对自己怎么推动组织的前进有一个清晰的了解。基于对外部大趋势以及组织的前进方向的准确把握，组织定位可以借力而行，设计与整体前进方向一致的社会结构都将变得更为容易。

事实上，领导者与乐团指挥最为相似。如同乐团中的乐手一样，组织内的众人完成各项实质性的工作。**而领导者在其中扮演着极为关键的角色，即保证正确的工作在正确的时间完成，和谐流畅、节奏精准、配合无间，并对外界产生预想中的影响。**优秀的领导者同优秀的指挥家一样，能够激发一个团队的最大潜能。每一次表演都是一次学习的机会，会使下一次的演出更加出色，更加适时适地，并能与使用的设备更好的融合。如果一个组织获得了长期的成功，其他人的努力固不可少，但让这个组织得以学习如何完善自己的工作的领导者必然功不可没。

领导力智慧

LEADERS STRATEGIES FOR TAKING CHARGE

组织创新性学习的三种方法

首先，设计一个开放式的具有参与性与前瞻性的组织。

其次，参与性是设计学习型组织需关注的第二大要素。

最后，学习型组织的设计还必须关注计划性。

“

WARREN BENNIS

STRATEGIES FOR TAKING CHARGE

变革领导力能够通过领导与授权，
让一个组织内部保持社会责任的高度一致，
并具备更大的影响力去实现组织愿景。
它是一种领导者和追随者之间的共生的集体关系。
它让追随者感觉自己的工作充满“魔力”。

”

LEADERS

STRATEGIES FOR

TAKING

CHARGE

07

承担责任：领导力与授权

领导者在“社会”这一心理状态的形成中发挥着重要作用。他们不仅是社会道德统一的象征，还能够表达并维系社会的价值观念。最重要的是，他们可以构思并阐述出整个社会的目标。这些目标可以将人们从当前的琐事中解脱出来，从那些令社会分离的冲突中超脱出来，从追求那些值得全心全意付出的目标中团结起来。

——约翰·加德纳

Transformative leadership: It is collective and there is a symbiotic relationship between leaders and followers.

变革领导力，一种领导者和追随者之间的共生的集体关系。

“员工们在感觉自己的工作充满‘魔力’时，他们通常会愿意承担一些风险。他们会愿意多工作一个小时，多打一个电话，多上一个星期六的班。如果我们采用另外一种相似的但缺少了‘魔力’的管理方式，可能就无法达到这种效果。”这是杰里·尼利在谈起自己的史密斯国际公司的说法。史密斯国际公司是世界第二大的石油钻探和装配设备生产商。

EST 公司创始人沃纳·埃哈德没有使用“魔力”这个字眼，但其实他所表达的是同样的意思：

> 有这样一个地方的人们，他们的行为非常一致，并且不需要被告诉要去做什么。相反，他们总是或多或少得主动地去找出有什么工作需要做，有哪些地方可以去和其他人和谐一致的配合，而不受缺乏和谐感的一系列合同和协议的支配。这有点像船员们在一条帆绳断裂之际同心协力的场面。在那种情况下，几乎没有指令下达，也没有人会等着其他人行动，或者给其他人添乱。船员们这种协调一致的行为值得我们学习，而这种行

为来自于整体，不需要任何人来发号施令。

无论是“魔力”还是“协调”，这两位领导者其实都表达出了有效领导力的本质：**领导者应作为催化剂，能保持想法和自身行为的协调一致，能承担更大的风险。**这种领导行为所带来的曝光和与他人的亲密是我们每个人在情感上所期望的，在言辞中所抵抗的，在行事中所躲避的。尽管表面上看起来差异很大，但实质上领导者们总是投身集体，以弹性的方式化解冲突；必要时又充满勇气和精力去改变自己；有能力维系指引集体前进的愿景。而当在一个组织内部能够保持社会责任的高度一致时，它会具备更大的影响力并得以实现愿景。

这就是变革领导力。本书中所探讨的领导者，包括约翰·加德纳和他所提及的领导者们在内都属此类。他们可以塑造并提升其追随者的动机和目标。**变革领导力在实现重大改变时可以兼顾领导者和其下属的利益，从而使所有人万众一心地去实现一个共同的目标。**

领导力智慧

LEADERS STRATEGIES FOR TAKING CHARGE

什么是变革领导力

一种领导者和追随者之间的共生的集体关系。而这种关系源于追随者的愿望同领导者对这些共同愿望的理解之间的微妙的相互影响。领导力是具有“诱发性”的，即它能够发明创造出一种让追随者得以实现需求的机制。领导力实质上具有目的性和提升性。换而言之，领袖们通过利用自身才能，基于追随者们的关键价值观，选择特定的目标和愿景并创造出有利于它们实现的社会结构。在这个过程中，追随者的思想水平得以提升，比如开放、自由、公正以及自我实现的精神。

但是正如开篇和正文中反复提及的那样，现实中绝大多数组织都是被管理，而非被领导。管理其实是一系列合约的交换。正如埃哈德所言，“你总是通过完成工作来获取报酬”，管理实质是“一堆协议或者合同”。而管理中用来交换的内容都非同小可：工作、保障、金钱。这种交换带来的结果通常是：搞好了，下属乖乖听命；搞不好，下属心怀怨恨，敢怒不敢言。相比而言，我们所提倡的领导力则会带来完全不同的结果——授权。通过授权，员工们不仅仅得到更高的福利和薪酬，还能够在一种有组织的文化氛围中得以理解他们的工作并渴望通过挑战自我来获得成功。**领导与授权并行，就如管理伴随服从。**前者鼓励一种“自尊文化”，而后者只能造成“当一天和尚撞一天钟”的心态。通过这本书，我们希望揭开变革领导力神秘的面纱，还其真实的本来面目，让现在和未来的领袖们都能领会、了解、掌握这种领导方式。这就需要我们再谈一谈管理教育的有关内容了。

领导力箴言
LEADERS
STRATEGIES FOR TAKING CHARGE

领导者应作为催化剂，能保持想法和自身行为的协调一致，能承担更大的风险。

管理教育

> 员工们在感觉自己的工作充满“魔力”时，他们通常会愿意承担一些风险。他们会愿意多工作一个小时，多打一个电话，多上一个星期六的班。如果我们采用另外一种相似的但缺少了“魔力”的管理方式，我们可能无法达到这种效果。
>
> ——杰里·尼利

事实上，“管理教育”是对当前大学内外大多数正式教育和培训课程的模式的贴切描述。管理教育主要依循僵化机械、看似理性的理论，每年输出数以万计的MBA。这种管理教育与职场所需的领导力相去甚远，或许这也解释了为什么公众对美国的商业活动会抱有如此扭曲的负面的印象。

虽然公众的成见问题很严重，但依然不是管理教育存在的主要问题。**其根本问题在于，管理教育所做的只是培养出一批拥有熟练技能的工人而非领导者。**那些毕业生们通过学习掌握解决问题的技能，能够非常熟练地解决问题，对人力资源管理也驾轻就熟。不过即使解决问题很重要，但是它与形成领导力所需的创造性以及深度人性化的过程却相差甚远。而我们所需要的是对领导力的培养而非管理教育。

管理学教育基于一些可疑的假设，比如“如果你不知道自己的目标是什么，那么尝试去确定”，或者“如果你不知道自己有哪些选择，那就搜寻直至找到它们”，又或者“如果你不知道该怎么办，那就展开研究（或聘请顾问）来弄清楚你的行为中的因果联系”。

这些建议并不总是毫无可取之处的。很多时候，预先确立目标是有积极意义的，但是从长远来看确实收效甚微的。**“先定目标，然后行动”的做法基于一些纯理论的假设，有其明显的局限性。**比如：

- 如何搜寻可供选择的方案？
- 搜寻的技术有哪些？
- 对于那些还没有出现的东西，你怎么寻找可供选择的方案？
- 在寻找最佳可行方案的过程中，如何避免出现伪可行的方案？

现实世界远比管理教育中直来直去的线性思维所认为的要复杂万分：问题设定本身就常常存在问题，信息及其可信度也是问题重重，总是存在多种多样、相互矛盾的解读和不同的价值取向等问题，以及目标不明确而且相互冲突等不胜枚举的例子。而现实是，大部分管理教育课程所依据的某些基本假设具有非常危险的误导性，比如：目标是明确的，选择是已知的，方法和后果是确定的，信息是完备的。这听起来同微观经济学惊人地类似，而事实上很多管理学课程就是基于微观经济学建立的。

更糟的是，在多数课程中，人所起到的作用总是被忽略。据我们所知，本书中所谈到的四大能力总是被违背而非被遵循。而且人们在谈及“人为因素”的时候，正如在精英的管理学院中那样，总是伴着尴尬的叹息或者拐弯抹角的轻视，比如形容它为“软因素”“诗意化”或者“印象派”等。这样的态度和字眼在人们理解“人为因素”之前就已经败坏了这个概念。

消除6个错误观念

> 人心难测，唯处高位时，权力令其现形。
>
> ——索福克勒斯，《安提戈涅》

针对上文，我们认为剖析一些常见的错误观念是非常有用的。这些错误观念不仅充斥了管理学教育领域，还阻碍了潜在的领导者对自己的组织“负责”。这些错误观念包括：

错误观念 1：领导力是一种稀缺的技能。这种说法其实大错特错。伟大的领导者确实如伟大的田径运动员、演员、画家般难得一见，但正如所有人都具有奔跑、表演、绘画的能力一样，其实每一个人也都具备领导潜能。现今社会似乎伟大的领导者总是稀缺的，尤其政界。但就整个国家而言，可称得上领导岗位的何止千万，而这些岗位大都有人承担工作，很多还干得非常出色。

更重要的是，很多在一个组织中担任重要领导角色的人，在另外的组织中却只是一个普通人。我们认识的一位大学教授是美国军队后备役的一名将军，一个百货公司的职员在某个教会中是个执掌大权的领袖，一个出租车司机则是一个业余剧团的导演，甚至还有一位退休的啤酒推销员其实在一个颇具规模的镇上担任镇长。

事实告诉我们：其实多数人都能有担任领导工作的机会和能力。

错误观念 2：领导力是天生的，不能后天形成。当我们阅读很多伟大领袖的生平传记时，会觉得他们似乎生来就天赋异秉，日后能成为领袖也是命中注定。但是别信那一套。事实上，领导者所需的能力和竞争力都是可以后天习得的，只要有学习的决心和正常的学习能力，人人都能学得会。此外，无论我们依靠何种天赋得以担任领导工作，这些能力都可以继续提高。一个人能否成为成功的领导者更多地取决于后天的教养，而非先天条件。

但我们不能因此认为学习成为领导者是一件容易的事。在成为一名成功的领导者的过程中，没有简单固定的准则，没有严密理性的科学介绍，也没有工具说明书。**事实上，整个过程是高度人性化，充满了试验与错误，成功与失败，时机与运气，直觉与远见。**学习成为领导者就像学习做父母、谈恋爱一样，而童年和青少年的经历则给我们提供了基本的价值观和行为榜样。书籍可以加深我们对这方面的理解，但对于那些时刻准备着的人们而言，大部分的学习来源于实践。正如一位领导者谈及他的领导力发展历程时所说："你知道，学着当一个领导者很是不容易。这感觉有点像是当众学习拉小提琴。"

错误观念 3：领导者都具有非凡的个人魅力。而事实是：一些领导者确实具有这种魅力，但是绝大多数却不具有。在我们采访过的 90 位领导者中，只有屈指可数的几个能够像肯尼迪那般"天启神示""举重若轻"，或者像丘吉尔那样具有令人陶醉的风采。我们的领导者大都与常人无异，高大挺拔和身量矮小、能言善道和木讷寡言、仪表堂堂和不修边幅者都兼而有之。无论是外貌、性格还是风格，这些领导者并没有跟他们的追随者泾渭分明。因而我们猜想真实情况或许恰好相反，即个人魅力来源于成功的领导。那些在领导工作中表现出色的人们常常能得到追随者的敬畏甚至崇拜，从而进一步强化了他们彼此的相互吸引。

错误观念 4：领导力仅存在于组织的顶层。产生这种错误观念的原因在于人们常常无意识的给予最高领袖们特殊的关注。但这显然是不正确的。实际上，组织的规模越大，领导岗位也就越多。比如，通用汽车公司里就有数以千计的领导岗位。现阶段，很多大型企业都在通过"内部创业"机制来创造更多的领导岗位。在这种机制下所形成的企业内部的小企业单元具有更为自由灵活的运营方式，与独立的小企业也并无本质区别。阿科公司的前总裁威廉·基斯奇尼克曾经告诉我们，他面临的最大难题之一是如何用"主人翁精神"来激励这个价值数十亿美元的大公司。他说那需要在每一个的单独的部门、每一个的层级都设立领导者并且他认为通过这种方式他可以最终解决公司面临的难题。随着各式组织对此方面认识的逐渐深入，越来越多的企业员工会有机会担任领导岗位。

错误观念 5：领导者的工作就是控制下属、发号施令、激励鞭策、玩弄手段。这或许是最具有诽谤性的一个错误观念了。我们已反复强调过，真正的领导在于授权他人而非玩弄权术。领导者能够凭借一个有吸引力的目标，整合一个组织的力量，将美好的意愿变成现实。洛杉矶爱乐乐团的前任指挥卡洛·马里奥·朱利尼说："人们之间的接触才是最重要的。音乐演奏的奇妙之处在于需要演奏者间建立起真正的友谊。"单片存储器公司的前总裁埃尔文·费德曼说："领导力的精髓在于建立和提升工人的自尊。"在 20 世纪 50 年代，威廉·休伊特接掌约翰迪尔公司，并一手将这个老朽乏力的农业设备公司改造成了世界级领先企业。他手下的一位员工如此说道："是休伊特让我们知道自己可以有多棒。"

这些领导者采用"拉动"，而非"推动"：使用激励，而非命令；依靠能够实现并具有挑战性的期望和酬劳，而不是操纵和耍手段；鼓励人们充分发挥自身的能动性和经验，而不是否定和束缚人们的行为和经历。

错误观念 6：领导者的唯一目的是最大化股东价值。大多数高层管理者、经济学家和投资人都非常认同这一说法。但我们认为这种说法既具有误导性又过于狭隘。只关注股东价值经常会导致作决策时忽视其他重要的利益关联方，从而严重威胁整个组织长期的生存和发展。规模缩减就是这样的例子。为了保证股东未来更好的收益，CEO 会进行大刀阔斧地削减工资。这种做法通常会获得投资者的称赞，但是会造成工人士气低落，产能缩减，客服质量下降，甚至危及到产品的质量。这种状况下，我们怎么能称之为有效的领导呢？因而此说法至少应该改为："领导者的工作之一是为股东创造长期价值"。但即使如此，其实也还是不够全面的。

领导力智慧

LEADERS
STRATEGIES FOR TAKING CHARGE

消除误解领导力的 6 个错误观念

错误观念 1：领导力是一种稀缺的技能。

错误观念 2：领导力是天生的，不能后天形成。

错误观念 3：领导者都具有非凡的个人魅力。

错误观念 4：领导力仅存在于组织的顶层。

错误观念 5：领导者的工作就是控制下属、发号施令、激励鞭策、玩弄手段。

错误观念 6：领导者的唯一目的是最大化股东价值。

在前面的章节里，我们已经说明领导与管理是不同的。通过与被采访的领导者的交谈，我们还发现了另外一个区别。领导者认为管理者们是在“运作”组织，并把他们全部的精力放在了利润的多寡上面。但相比而言，即使也会关注当前业绩，领导者认为他们有着更为重要的职责。而他们的头等大事是建设组织并保证它的长期生存和成功。**领导者是一个组织表达愿景、指引成功之路、团结众人创造更美好未来的最重要的有利武器**。因此，对于一个真正的领导者而言，利润也是必需的，但它本身并不是目标，也起不到激励或授权员工的作用。将利润视为高于一切的追求会造成极其危险的“目光短浅”，伴随而来的将会是企业难以获得长期生存和发展的巨额代价。所以我们认为，在阐述领导者的重要作用时，以下说法会更加令人满意：“领导者的首要职责是扮演好组织未来的托管人和建筑师，从根本上保证组织的可持续发展和长期成功。”

消除这些错误观念之后，我们应该关注的便不是如何成为一名领导者，而是如何提高领导工作的有效性，即更好地对组织负责。虽然从一些伟大的领导人身上，我们可以学到如何重新调整管理教育中的重心，但是组织本身也肩负着相同的重要责任，即去调整自己的社会结构以便更好地鼓励和培养变革领导力。

领导力箴言 LEADERS STRATEGIES FOR TAKING CHARGE

领导者的首要职责是扮演好组织未来的托管人和建筑师，从根本上保证组织的可持续发展和长期成功。

未来的领导者

> 只是选对轨道是远远不够的。如果你站着不动，还是会被火车撞飞。
>
> ——威尔·罗杰斯

目前为止，我们一直在90位领导者身上学习经验教训。在过去的几十年里，他们积累了大量的经验，磨砺出了许多技能，而我们则对其中的精髓进行了提炼和总结。为了从信息中获得更有价值的东西，我们已经对过去的数据进行挖掘（尽管算不上非常久远的过去）。那么接下来呢？21世纪初期将对领袖们提出哪些新的要求？而领导者是否需要新的技能和价值观？他们又如何提前做好准备呢？

相比而言，接下来的内容会缺乏现实的依据，因为我们所要探讨的是未来趋势及其影响。首先，我们假设领导者仍然关注如何集中组织的凝聚力、能量以及资源，并将它们引向某个特点的方向。同时我们还认为，在未来，那些书中的经受住时间考验的个人品质，比如远见、热情、正直、自知、授权、正确的做事方法等等，依然会是非常重要的。但是或许还有其他一些要素将发挥同样重要的作用。

21 世纪的最重要的驱动力将来自于技术变革的迅速和动荡——简直可与海啸相比。这使得人们在面对未来时变得紧张，甚至我们已经可以感受到新一轮技术爆发所带来的隆隆巨响了。形形色色的领域会同时发生剧变，包括基因学、通信技术、材料学、海洋学、医学、微型化技术乃至娱乐界。就像核聚变一样，技术爆炸使得任何一项突破以越来越快的速度引发出更多新的突破，这种作用无处不在，且具有强大的渗透力。某个行业或者政府部门能在业务、产品或服务中不高度依赖科学技术显然是不可想象的。

技术对领导者的影响无疑是深远的。他们必须越来越多地在各种新出现的技术中押下高风险的赌注，而这些技术的收益和后果难以在事前完全清楚，因而伴随着极大的不确定性。但这也仅仅只是开始。威尔·罗杰斯（Will Rogers）曾说：“只是选对轨道是远远不够的。如果你站着不动，还是会被火车撞飞。”

新技术一旦投入，就会逐渐变成老技术，并且需要不断的关照和投入，发展与改进，直到下一代技术粉墨登场。对于 21 世纪的领导者来说，扶持技术变革以及促进产品和加工技术更新换代极有可能是一个巨大的挑战，甚至是成本陷阱。

领导力箴言
LEADERS
STRATEGIES FOR TAKING CHARGE

领导者必须成为变革的设计师、拉拉队长、愿景的真正代言人，通过为大家指明一个美好且可信的方向，促使众人心怀激情、携手并进。

精通技术的新一代领导人将对这类决策游刃有余，微软的比尔·盖茨和英特尔的安迪·格鲁夫就是典型代表。当然，**如果一个领导者不能创造、维持一种能够迅速接受并实施新技术的文化，那他只能被淘汰。**这就像美国一个教会的某段祈祷词所言："主啊，我们没有变成自己希望变成的样子，我们没有变成自己需要变成的样子，我们没有变成自己将要变成的样子。但是感谢全能的上帝，因为我们已经不是自己过去的样子了。"

彼得·德鲁克和其他一些人曾经预言，在未来某个时候，组织将由知识工作者担任主角。他们是各自的领域的专家，常常比他们的上级更懂行情。他们希望在自身能力范围之内能自由地做决策。他们能够对自己的工作施加很大的影响力，并且常常自行制定日程。他们中很多人本身就是领导者，带领着自己的项目小组或者团队。这时候，高管们不得不去做詹姆斯·奥图尔（James O'toole）所说的"**领导者的领导者**"。在这样一种环境中，决策将更多地依赖于彼此协作、共享价值以及相互尊重，而非领导者的权威。

随着新知识的半衰期变得越来越短，工作者将时刻接受变革的洗礼。与此同时，他们必须担负起更多直接代表组织利益的责任，中级管理层在隔绝工作者在日常工作和生活中所遭受的动荡中所起的缓冲作用不断减弱，而越来越少的安全网也会让他们更易受到自己以及他人的错误的影响。一方面，这使工作更加有趣，但同时也变得更加难以捉摸、不确定、充满风险和压力。

领导力智慧

LEADERS STRATEGIES FOR TAKING CHARGE

领导者面临的新挑战

领导者须担任起团队中的充满爱心的教练的角色，通过满足团队对包括人力、财务资源、情感支持乃至鼓励等在内的一切要求，来尽可能为团队减压。唯有如此，团队方能高效合作，并长期保持巅峰状态。认可、发展和赞美个人所具备的技能将日益重要，甚至关乎组织生死。在一个全球化、多元文化的工作环境中，员工们有着不同的语言背景，迥异的价值观和效忠对象，这要求领导者不断升华自身在人际事务的敏感度、理解力和对人类多样性所能带来的最佳收益的认识。

一些技术变革，特别是计算机和通信领域的技术变革，会彻底颠覆传统的组织设计方式。这已经初露端倪：事实上，我们正进入离心时代，即权利和决策从组织中心被甩给外围，每个员工得以同客户、供应商甚至合资伙伴接触。工作活动能够在广泛的时空里进行分配，使其能够24小时在世界各地不间断地进行。伴随信息能够瞬间且同步传输给所有需要了解情况的人们，越来越多的交易通过网络完成。现下，组织正变得扁平化、少层次化、错综复杂化。

在这些因素的影响下，若缺少一个共同的愿景来将分散的各项任务和单位协调起来，那么人们的精力、行为和抱负将变得非常涣散。领导者再也不能一面重复鼓励创新的成词滥调，一面压制研发部门的发展了。不断更换时髦的口号是无用的。**领导者必须成为变革的设计师、拉拉队长、愿景的真正代言人，通过为大家指明一个美好且可信的方向，促使众人心怀激情、携手并进。**在技术加剧动荡的未来数十年间，这项工作将更为艰难并将成为新时代领导力的试金石。

在今天，能够缩减规模、简化结构、扭转机构日益臃肿局面的领导者得到了好评。将来他们还必须能够创造全新的组织结构，从而在未来变革中给企业更好的定位。他们要马不停蹄地进行各种尝试去挖掘客户潜在的需求，并给他们创造新的价值和服务。可是没有任何一个组织能够满足所有人的所有需要，这就要求领导者不断地寻找盟友和合作伙伴，实现双赢。这样一来，作为社会设计师的领导者的角色就要进一步延伸，而谈判技巧、技术评估、组织文化设计等技能对那些雄心勃勃的领导者更显重要。

表 7-1 中所总结的那些变革使得未来社会需要数以百万计的新领导者队伍。最后，那些最成功的领导者将具备 6 项能力。

领导力智慧

LEADERS STRATEGIES FOR TAKING CHARGE

未来领导者具备的 6 项能力

1. 在动荡时找到方向。
2. 在提供优异的客户服务和商品的同时进行变革。
3. 为服务新顾客而主动吸引资源、寻找盟友。
4. 掌控全球化下的多样化。
5. 激发下属的乐观、激情、以及奉献精神。
6. 成为领导者的领导者（特别是知识工作者）的人。

21 世纪的弱者注定不是无能之人，不过话说回来，这份工作从来也都是不适合弱者的。

表 7-1 新世纪领导力的可能模型

从	到
领导者人数少，大都位于顶层；管理者数量众多	所有层级都有领导者；管理者数量较少
通过设定目标来领导；比如近期利润、投资回报	借助愿景来领导，为企业的长期成长设定方向
缩减企业规模，设定低成本高质量标杆	同时努力创造独特性以及独有的能力
对变革持被动应付的态度	想在前面、创造未来
设计的是一个层级制的组织	设计的是一个扁平、分权、平权的组织领导者是社会建筑师
对个人发号施令、紧盯不放	对个人进行授权和激励，同时也促进团队合作
信息被少数决策者所把持	信息大量的在内部以及外部合作伙伴之间共享
领导者是老板，控制着各种流程和行为	领导者是教练，学习型组织的塑造者
领导者是稳定器，平衡着各种冲突的需求，维系企业的文化	领导者是变革的代理人，创建变革的议程表，平衡各种风险，促进文化与技术基础的演进
领导者负责培养优秀的管理者	领导者同样负责培养未来的领导者，是领导者的领导者

结　语

呼唤新型领导力，塑造理想未来

托尔斯泰曾经说："幸福的家庭都是相似的，不幸的家庭却各有各的不幸。"领导者同样如此，他们都具有将意愿付诸现实并且维系下去的能力；都能清晰区分领导和管理；关注的都是组织的基本目的、存在原因、发展方向以及价值观体系；都循循善诱，让人清楚理解组织的愿景；都能够让人感到组织为社会做出了巨大的贡献，从而令人感到振奋。

领导者和管理者之间的这些区别由来已久，但在过去并不像现在这般重要。这是因为在现代的组织中，应对复杂性、模糊性、不确定性的能力变成了重中之重。在一个快速变革的时代，组织必须要具有未来眼光，要更加注意选择正确的方向。因此，和稳定时期比起来，领导力在今天更为重要。在稳定时期，组织和周围环境之间的关系比较容易理解，游戏规则也相对明确，即使管理型的人也能把组织带得不错。

我们非常希望自己能够轻松简单、按部就班地讨论和教授领导之道。但这种想法只能是一厢情愿，最终反而有害无益。记得著名的表演教师李·斯特拉斯伯格（Lee Strasberg）有这样一个故事：有一次，他在指导两名学生学习表演一个恋爱的场景，他问那个女孩子是用什么想象来激发自己所需的情绪的。她吞吞吐吐地说："那个……春天……对他的渴望和爱意……这一类的。”于是，斯特拉斯伯格问她做没做过水果沙拉，她说做过。斯特拉斯伯格又问是怎么做的，女孩问他是不是当真要她在大家伙儿面前讲沙拉的做法，他说没错。

“好吧，”她说，“我拿起一个苹果，削皮，切块。然后拿起一个香蕉，剥皮，切片。再然后，剥一个橘子，切片。或许我会再拿几个樱桃，去掉核儿，也切成片。最后，把这些都拌在一起。”

斯特拉斯伯格接口说道：“对了，沙拉就是这么做的。你必须要一样一样来，先拿起一个水果，去皮，切块，然后再收拾下一个水果，不然就没法弄。当然你可以用蒸汽压路机把所有水果都一次性搞定，可那样碾出来的东西不叫沙拉。你也可以在一堆水果前面坐上一整夜，念咒：‘水果变沙拉，水果变沙拉！’可那不会有用，除非你挨着个把水果削皮切块。”

但是和领导艺术比起来，表演实在是小菜一碟，就连爱恋场景中的感情酝酿也算不上什么。虽然我们可以把从那些优秀领导者身上学到的原则尽可能清晰地介绍给大家，但要把这些融入到自己的血液中，那就需要毕生的努力了。

本书开篇我们说过，当前我们所面对的危机，需要领导者在社会以及组织的各个层级挺身而出。如果没有我们所呼唤的这种领导力，就很难为世界塑造一个理想的未来。领导力的缺失和乏力是社会没有愿景和梦想的表现，这会导致因循守旧，甚至令整个社会因为缺乏目的感和凝聚力而分崩离析。

我们必须把寻求新型领导力作为举国上下的优先任务。我们要大声疾呼，请大家肩负起责任。还有什么能比这更重要、更鼓舞人心的呢？

致 谢

哲学家拉尔夫·沃尔多·爱默生与老朋友打招呼时总爱这样寒暄:“自我们上次相见以来，有什么模糊的事情变得更清晰了吗？”致谢这一部分就给了我们反思这一问题的机会，也让我们好对那些在我们写作过程中给予过帮助却又不曾被提起或记住的人们致上一份迟到的感谢。本书无疑是一本集体智慧的结晶，因此我们这篇致谢也是对他们一并致以双重的赞赏。

首先，最重要的是要感谢参与研究并慷慨地协助我们的90位领导者，没有他们，本书绝无可能完成，甚至写作都难以推进。此外，还要感谢约翰·加德纳（John Gardner）、唐纳德·迈克尔（Donald Michael）和詹姆斯·麦格雷戈·伯恩斯（James MacGregor Burns），他们带给了我们智慧的启迪。剽窃和仿效有许多共同点，但剽窃是大错，触犯了法律；而仿效则如他们所说，是一种最高形式的恭维。我们希望我们的仿效之处能够得到原谅。

还有很多人都曾激发过我们的思考，促成过我们的想法，也曾敦促过我们的进度，不断地询问:“书写得怎样了？”这些催促的声音简直像是公共场合的噪声一样让我们局促不安，但天知道要是没有他们急不可耐、没完没了的督促，这本书不知要到何时才能面世。这些人中最让我们如坐针毡的无疑要数吉姆·奥图尔（Jim O’Toole）、罗莎贝斯·莫斯·坎特（Rosabeth Moss Kanter）、沃纳·埃哈德（Werner Erhard）、汤姆·彼得斯（Tom Peters）、塞尔温·恩泽（Selwyn Enzer）、埃普尔·莱德勒（Eppie Lederer）、鲍勃·汤森（Bob Townsend）和鲍勃·施瓦茨（Bob Schwartz）。

我们必须特别感谢玛丽·简·奥唐内（Mary Jane O'Donnell）和马西娅·威尔科夫（Marcia Wilkof）为本书贡献和引进的新理念——玛丽·简向我们介绍了令人惊叹的沃伦达因素的含义，玛西娅·威尔科夫则对关于策略二的章节做出了很有创意的贡献。

多丽丝·麦克弗森（Doris MacPherson）不仅不厌其烦地反反复复打印书稿，而且主动给我们提出合理的改进建议。黛比·兰热尔（Debbie Rangel）和希拉·托马斯（Sheila Thomas）也总是能够从容地应对几易其稿带来的繁杂文字处理，弗蕾达·马尔亭（Freda Maltin）则优雅地将诸多行政管理上的细节打理得井井有条。

此外，我们还要感谢四个人，感谢他们在成书的两年半时间里对我们莫大的耐心、包容以及坚定的支持——感谢我们在南加州大学的“老板”杰克·斯蒂尔（Jack Steele）院长始终不渝的支持；感谢马琳·纳努斯（Marlene Nanus）对自己临产般奋力写书的丈夫的默默付出；感谢比尔·利（Bill Leigh）的理由，他私底下会明白的；感谢我们的编辑哈利雅特·鲁宾（Harriet Rubin），我们并肩战斗，一同工作，直到她赢得了一场争论——这本书确实成为了我们最好的一本书。

沃伦·本尼斯

伯特·纳努斯

湛庐文化 Cheers Publishing
a mindstyle business 与思想有关

湛庐，与思想有关……

如何阅读商业图书

商业图书与其他类型的图书，由于阅读目的和方式的不同，因此有其特定的阅读原则和阅读方法，先从一本书开始尝试，再熟练应用。

阅读原则1 二八原则

对商业图书来说，80% 的精华价值可能仅占 20% 的页码。要根据自己的阅读能力，进行阅读时间的分配。

阅读原则2 集中优势精力原则

在一个特定的时间段内，集中突破 20% 的精华内容。也可以在一个时间段内，集中攻克一个主题的阅读。

阅读原则3 递进原则

高效率的阅读并不一定要按照页码顺序展开，可以挑选自己感兴趣的部分阅读，再从兴趣点扩展到其他部分。阅读商业图书切忌贪多，从一个小主题开始，先培养自己的阅读能力，了解文字风格、观点阐述以及案例描述的方法，目的在于对方法的掌握，这才是最重要的。

阅读原则4 好为人师原则

在朋友圈中主导、控制话题，引导话题向自己设计的方向去发展，可以让读书收获更加扎实、实用、有效。

阅读方法与阅读习惯的养成

（1）回想。阅读商业图书常常不会一口气读完，第二次拿起书时，至少用 15 分钟回想上次阅读的内容，不要翻看，实在想不起来再翻看。严格训练自己，一定要回想，坚持 50 次，会逐渐养成习惯。

（2）做笔记。不要试图让笔记具有很强的逻辑性和系统性，不需要有深刻的见解和思想，只要是文字，就是对大脑的锻炼。在空白处多写多画，随笔、符号、涂色、书签、便签、折页，甚至拆书都可以。

（3）读后感和 PPT。坚持写读后感可以大幅度提高阅读能力，做 PPT 可以提高逻辑分析能力。从写读后感开始，写上 5 篇以后，再尝试做 PPT。连续做上 5 个 PPT，再重复写三次读后感。如此坚持，阅读能力将会大幅度提高。

（4）思想的超越。要养成上述阅读习惯，通常需要 6 个月的严格训练，至少完成 4 本书的阅读。你会慢慢发现，自己的思想开始跳脱出来，开始有了超越作者的感觉。比拟作者、超越作者、试图凌驾于作者之上思考问题，是阅读能力提高的必然结果。

扫码关注湛庐文化，
回复“阅读”
这5种方法，让读过的书变成你的影子

[特别感谢：营销及销售行为专家 孙路弘 智慧支持！]

我们出版的所有图书，封底和前勒口都有“湛庐文化”的标志

湛庐文化
Cheers Publishing
a mindstyle business 与思想有关

并归于两个品牌

财富汇　　心视界

找“小红帽”

为了便于读者在浩如烟海的书架陈列中清楚地找到湛庐，我们在每本图书的封面左上角，以及书脊上部 47mm 处，以红色作为标记——称之为 **“小红帽”**。同时，封面左上角标记 **“湛庐文化 Slogan”**，书脊上标记 **“湛庐文化 Logo”**，且下方标注图书所属品牌。

湛庐文化主力打造两个品牌：**财富汇**，致力于为商界人士提供国内外优秀的经济管理类图书；**心视界**，旨在通过心理学大师、心灵导师的专业指导为读者提供改善生活和心境的通路。

阅读的最大成本

读者在选购图书的时候，往往把成本支出的焦点放在书价上，其实不然。

时间才是读者付出的最大阅读成本。

阅读的时间成本=选择花费的时间+阅读花费的时间+误读浪费的时间

湛庐希望成为一个“与思想有关”的组织，成为中国与世界思想交汇的聚集地。通过我们的工作和努力，潜移默化地改变中国人、商业组织的思维方式，与世界先进的理念接轨，帮助国内的企业和经理人，融入世界，这是我们的使命和价值。

我们知道，这项工作就像跑马拉松，是极其漫长和艰苦的。但是我们有决心和毅力去不断推动，在朝着我们目标前进的道路上，所有人都是同行者和推动者。希望更多的专家、学者、读者一起来加入我们的队伍，在当下改变未来。

湛庐文化获奖书目

《大数据时代》
国家图书馆“第九届文津奖”十本获奖图书之一
CCTV“2013 中国好书”25 本获奖图书之一
《光明日报》2013 年度《光明书榜》入选图书
《第一财经日报》2013 年第一财经金融价值榜“推荐财经图书奖”
2013 年度和讯华文财经图书大奖
2013 亚马逊年度图书排行榜经济管理类图书榜首
《中国企业家》年度好书经管类 TOP10
《创业家》“5 年来最值得创业者读的 10 本书”
《商学院》“2013 经理人阅读趣味年报 • 科技和社会发展趋势类最受关注图书”
《中国新闻出版报》2013 年度好书 20 本之一
2013 百道网 • 中国好书榜 • 财经类 TOP100 榜首
2013 蓝狮子 • 腾讯文学十大最佳商业图书和最受欢迎的数字阅读出版物
2013 京东经管图书年度畅销榜上榜图书，综合排名第一，经济类榜榜首

《牛奶可乐经济学》
国家图书馆“第四届文津奖”十本获奖图书之一
搜狐、《第一财经日报》2008 年十本最佳商业图书

《影响力》(经典版)
《商学院》“2013 经理人阅读趣味年报 • 心理学和行为科学类最受关注图书”
2013 亚马逊年度图书分类榜心理励志图书第八名
《财富》鼎力推荐的 75 本商业必读书之一

《人人时代》(原名《未来是湿的》)
CCTV《子午书简》•《中国图书商报》2009 年度最值得一读的 30 本好书之“年度最佳财经图书”
《第一财经周刊》• 蓝狮子读书会 • 新浪网 2009 年度十佳商业图书 TOP5

《认知盈余》
《商学院》“2013 经理人阅读趣味年报 · 科技和社会发展趋势类最受关注图书”
2011 年度和讯华文财经图书大奖

《大而不倒》
《金融时报》• 高盛 2010 年度最佳商业图书入选作品
美国《外交政策》杂志评选的全球思想家正在阅读的 20 本书之一
蓝狮子 • 新浪 2010 年度十大最佳商业图书，《智囊悦读》2010 年度十大最具价值经管图书

《第一大亨》
普利策传记奖，美国国家图书奖
2013 中国好书榜 • 财经类 TOP100

《真实的幸福》
《第一财经周刊》2014 年度商业图书 TOP10
《职场》2010 年度最具阅读价值的 10 本职场书籍

《星际穿越》
国家图书馆“第十一届文津奖”科普奖获奖图书
2015 年全国优秀科普作品三等奖

《翻转课堂的可汗学院》
《中国教师报》2014 年度“影响教师的 100 本书”TOP10
《第一财经周刊》2014 年度商业图书 TOP10

湛庐文化 Cheers Publishing a mindstyle business 与思想有关

湛庐文化获奖书目

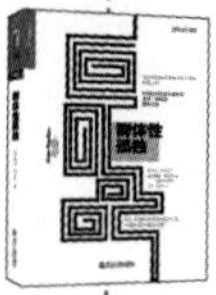

《爱哭鬼小隼》

国家图书馆“第九届文津奖”十本获奖图书之一

《新京报》2013 年度童书

《中国教育报》2013 年度教师推荐的 10 大童书

新阅读研究所“2013 年度最佳童书”

《群体性孤独》

国家图书馆“第十届文津奖”十本获奖图书之一

2014“腾讯网·啖书局”TMT 十大最佳图书

《用心教养》

国家新闻出版广电总局 2014 年度“大众喜爱的 50 种图书”生活与科普类 TOP6

《正能量》

《新智囊》2012 年经管类十大图书，京东 2012 好书榜年度新书

《正义之心》

《第一财经周刊》2014 年度商业图书 TOP10

《神话的力量》

《心理月刊》2011 年度最佳图书奖

《当音乐停止之后》

《中欧商业评论》2014 年度经管好书榜·经济金融类

《富足》

《哈佛商业评论》2015 年最值得读的八本好书

2014“腾讯网·啖书局”TMT 十大最佳图书

《稀缺》

《第一财经周刊》2014 年度商业图书 TOP10

《中欧商业评论》2014 年度经管好书榜·企业管理类

《大爆炸式创新》

《中欧商业评论》2014 年度经管好书榜·企业管理类

《技术的本质》

2014“腾讯网·啖书局”TMT 十大最佳图书

《社交网络改变世界》

新华网、中国出版传媒 2013 年度中国影响力图书

《孵化 Twitter》

2013 年 11 月亚马逊（美国）月度最佳图书

《第一财经周刊》2014 年度商业图书 TOP10

《谁是谷歌想要的人才？》

《出版商务周报》2013 年度风云图书·励志类上榜书籍

《卡普新生儿安抚法》（最快乐的宝宝 1·0~1 岁）

2013 新浪“养育有道”年度论坛养育类图书推荐奖

湛庐文化 Cheers Publishing
a mindstyle business 与思想有关

延伸阅读

《沃伦·本尼斯经典四部曲》

扫码直达本书购买链接

◎ 沃伦·本尼斯被称为领导力之父，组织发展理论先驱。以关于领导艺术的著作而闻名，经典四部曲分别是:《领导者》《成为领导者》《七个天才团队的故事》《经营梦想》，对我们了解近代西方领导力思想、认识现代组织的领导力真谛，迎接当下和未来的领导力挑战，具有重要的意义。

◎ 沃伦·本尼斯使领导学成为一门学科，为领导学建立学术规则。他打破陈见，率先指出以人为本、更加民主的领导者更适合应对复杂多变的当代环境。

《管理工作的本质》(珍藏版)

扫码直达本书购买链接

◎ 亨利·明茨伯格最知名的著作，该作品奠定了其极具影响力的管理大师地位。

◎ 经理角色管理学派最早出版的经典著作，作者对组织结构设计和领导者的培养提出了一系列具有洞见的观点，这些观点成为领导学研究的基础。

◎ 在书中作者指出了 4 个对管理者的工作产生影响的变量，并将管理者的管理活动分为 3 个大类，在这 3 个大类中又细分管理者的工作角色为 10 种。

《卓有成效的组织》(珍藏版)

扫码直达本书购买链接

◎ 亨利·明茨伯格最得意的著作，展现并整合了所有关于“如何设计一个有效的组织”的研究。

◎ 在书中作者解释了何为组织结构——将工作拆分成若干不同的任务，再协调整合起来以实现工作目标的各种方法的总和。

◎ 在书中，作者同时指出组织的 5 大组成部分、5 大协调机制、9 大设计参数、4 组情景因素，揭示出管理工作的本质。

《伟大的挣扎》

扫码直达本书购买链接

◎ 哈佛商学院教授、《纽约时报》畅销书《沉静领导》的作者小约瑟夫·巴达拉克又一力作。

◎ 这本书将会对你有所启示。通过观察那些活跃组织的领导者们，尤其是创业者们的表现你就能找到新的答案。

◎ 除了为这个新世界的领导者指明了方向，《伟大的挣扎》也为普通人认识世界、过好生活提供了思路。